Cyberpark

Christian Grenier

Né à Paris en 1945, Christian Grenier aime la science et la fiction... donc la science-fiction. Il a publié de nombreux récits, trois essais (dont *La science-fiction, lecture d'avenir ?*) et une trentaine de romans pour la jeunesse, parmi lesquels *La machination* et *Le cœur en abîme*, Grand Prix de la S.F. française 1988 (Le Livre de Poche Jeunesse). Après avoir été longtemps professeur de français dans un collège parisien, il vit aujourd'hui dans le Périgord. Régulièrement, il prend son bâton de pèlerin pour faire partager sa passion de la science-fiction aux élèves des collèges, les étudiants en I.U.F.M., etc.

Florence Magnin

Illustratrice et auteur de B.D. (*L'autre monde*, *Mary la Noire* chez Dargaud), Florence Magnin est surtout connue pour avoir illustré le fameux cycle des *Princes d'Ambre* de Roger Zelazny (Denoël), donné vie au *Tarot d'Ambre* (jeux Descartes) et mis en images le somptueux album *L'univers d'Ambre* (Denoël).

Couverture illustrée par Florence Magnin.
Conception graphique de la couverture : Éric Palliet.

Christian Grenier

Cyberpark

Illustrations de Florence Magnin

HACHETTE
Jeunesse

Collection Vertige science-fiction
dirigée par Denis Guiot

Du même auteur dans
Vertige science-fiction

• *cycle du Multimonde*
La Musicienne de l'Aube
Les lagunes du temps
Mission en mémoire morte
(parution septembre 1997)

43, quai de Grenelle, 75015 Paris.

« On s'écrit des courriers électroniques
dans le village planétaire ;
on s'étripe à la machette
dans le village voisin. »

Dominique Nora

1

UN JOURNALISTE MATINAL

« Vous savez, Michaël, j'ai bien connu votre oncle. Chaque fois qu'il publiait un roman, je venais ici, dans sa propre maison, pour l'interviewer. »

Michaël approuva en essayant de sourire. Il était mal réveillé : ce matin, un peu avant huit heures, cet inconnu s'était présenté à sa porte, accompagné d'un photographe.

« Je suis navré de la disparition brutale de votre oncle, Michaël. Et je vous remercie de nous recevoir aussi rapidement. Je m'appelle Alain Bernard. »

À présent, Mika se souvenait, en effet. Son oncle lui avait souvent parlé de ce journaliste du quotidien *Sud-Ouest* : un petit homme rond, cordial et souriant, coiffé d'un drôle de canotier. Alain Bernard avala le café que Mika lui avait servi, mit le magnétophone en marche et demanda :

« Monsieur Michaël Nigerre, pouvez-vous nous rappeler les faits ?

— Mardi dernier, le maire du village a découvert mon oncle mort devant son ordinateur, dans son laboratoire. »

Mika désigna le sous-sol de la maison, et ajouta d'une voix sombre :

« J'ai quitté le lycée de Périgueux où je suis interne. Comme je ne me sentais pas le courage d'affronter seul toutes les formalités des obsèques, j'ai demandé à Sophie et Sylvain de me rejoindre ici.

— Sophie et Sylvain ?

— Des jumeaux. Mes amis d'enfance. Ils habitent Paris. Ils adoraient Édouard. L'enterrement de mon oncle a eu lieu ici même, vendredi.

— Et c'est le surlendemain, le 1er juillet 2001, que ce... cet objet monstrueux est tombé tout près d'ici ? »

Mika aurait dû s'en douter : ce journaliste venait moins pour la disparition de l'écrivain Édouard Nigerre que pour l'irruption, au milieu d'un village du Périgord, de ce qu'on avait pris pour une météorite géante.

« Tombé ? Personne n'en sait rien. Dimanche matin, à l'aube, une violente explosion a réveillé toute la région. Et le village a découvert cette *chose*, installée entre la prairie de mon oncle, la route et le cimetière.

— Bon. Il y a peut-être quelques clichés à prendre ? »

Alain Bernard fit un signe au photographe qui, jusque-là, s'était tenu à l'écart. Mika suivit les deux hommes sur la terrasse. D'ici, le spectacle était impressionnant : aussi imposant qu'un pétrolier, le bloc semblait échoué à flanc de coteau ; il avait quelque chose d'incongru et d'irréel au milieu du paysage champêtre que baignait le soleil du matin. Autour de l'objet, des militaires s'agitaient en piétinant l'herbe humide de rosée.

« C'est la relève, expliqua Mika. L'armée occupe tout le canton. Une garnison entière monte la garde en permanence, de jour comme de nuit…

— Mais elle n'est guère efficace ! » ajouta une voix derrière eux.

Ils se retournèrent. Une jeune fille leur faisait face. Elle pouvait avoir dix-sept ans ; elle ébouriffa ses cheveux emmêlés et noua autour de sa taille la ceinture de la robe de chambre qu'elle avait passée sur sa chemise de nuit.

« Je vous présente Sophie, dit Mika. Sophie est, euh… »

Il bredouilla, s'interrompit, rougit. Et il pesta intérieurement contre le trouble et la timidité qui l'envahissaient chaque fois qu'apparaissait son amie. Elle vint à son secours et lança, sarcastique :

« Nous sommes de vieux camarades, n'est-ce pas, Michaël ? »

La mauvaise humeur de Sophie était évidente, et Mika en devina la raison : la veille au soir, de retour de leur seconde incursion clandestine à l'intérieur de la *chose*, il s'était retrouvé avec Sophie dans cette même pièce.

« Enfin, avait alors murmuré Sophie. Nous voilà seuls ! Oh, Mika !… »

Ils s'étaient précipités dans les bras l'un de l'autre. Depuis combien de temps s'aimaient-ils sans se l'être jamais avoué ? Sans doute depuis que les jumeaux avaient pris l'habitude, chaque année, de venir passer une ou deux semaines avec Mika, dans cette maison périgourdine où l'oncle Édouard les avait toujours chaleureusement accueillis. La mort de l'écrivain, puis l'apparition de la *chose*, deux jours auparavant, avaient bouleversé leur vie. Pendant ces deux jours, ils avaient vécu des aventures incroyables[1] ! Jusqu'ici, les événements avaient empêché le moindre tête-à-tête. Et la veille, alors que s'offrait à eux la plus longue et la plus intime soirée de toute leur jeune existence, Mika, épuisé par leur périple, s'était endormi dans le fauteuil du salon.

Endormi ! Il ne se le pardonnerait jamais. Et Sophie ne le lui pardonnerait sûrement jamais, elle non plus.

« Que vouliez-vous dire, mademoiselle, en prétendant que la présence des militaires n'était pas très efficace ? » demanda Alain Bernard.

Mika s'approcha de Sophie pour l'embrasser – mais elle s'écarta aussitôt pour s'asseoir à l'autre bout de la table et se servir un bol de

1. Lire *La Musicienne de l'Aube* et *Les lagunes du temps*, du même auteur et dans la même collection.

café. Un café aussi noir que le coup d'œil qu'elle lui jeta à la dérobée.

« Oh ! fit-elle sur un ton faussement évasif, le colonel Cassabois a donné des ordres, hier, pour que cette maison soit évacuée et pour qu'aucun journaliste n'ait accès au village... Or, comme vous pouvez le constater, Mika et moi sommes toujours là. Et vous-même avez réussi à tromper la vigilance des militaires, n'est-ce pas ?

— Et vous, rétorqua Alain Bernard, n'avez-vous pas réussi à franchir le cordon de sécurité qui entoure ce mystérieux objet ? »

Mika et Sophie échangèrent un regard où se mêlaient complicité et perplexité. Comment cet inconnu avait-il pu deviner la vérité ? Le journaliste bluffait peut-être ?

« Pardonnez-moi, Michaël. Mais je pense que vous avez réussi à pénétrer à l'intérieur de cet objet. Et quand je dis "vous", je pense aussi à Sophie, au ministre de la Défense Ève Colombe et à ce fameux Sylvain, que nous n'avons d'ailleurs pas encore vu... »

Une nouvelle fois, Mika et Sophie se consultèrent du regard, troublés par la clairvoyance du journaliste, et indécis quant à l'attitude à adopter.

« Monsieur, je rends hommage à votre intuition ! déclara une voix familière. Sylvain est en effet bel et bien prisonnier de cette *chose* ! »

Sur le seuil se tenait un individu roux et souriant, tout en barbe et cheveux frisés. C'était Daniel Collobert, l'astrophysicien devenu récemment secrétaire d'État à la Prévention des risques naturels et technologiques majeurs. Il s'approcha de Mika et de Sophie et les prit amicalement par les épaules.

« Vous avez eu raison de recevoir ces deux journalistes, Michaël ! Après tout, la presse est le meilleur rempart contre l'armée qui ne demande qu'à vous chasser d'ici. Pourquoi ne pas révéler toute la vérité ? »

Mika se demanda si Daniel Collobert plaisantait. Révéler la vérité ? Elle était si extravagante que nul individu un peu sensé n'aurait pu y accorder la moindre foi ! Sur la table, posé entre les bols et la cafetière fumante, le magnétophone tournait. Alors, Mika se lança :

« Soit ! Apercevez-vous, messieurs, les orifices qui s'ouvrent à la surface de cet objet ? Eh bien, nous nous y sommes en effet risqués, Sylvain, Sophie et moi. À deux reprises. Et chaque fois, nous nous sommes égarés dans un labyrinthe parsemé de cavernes !

— Comment ? Vous vous êtes égarés là-dedans ?

— Oui. Et nous avons débouché... *dans d'autres univers* !

— "D'autres univers" ! Que voulez-vous dire ?

— La première fois, c'était un monde couvert de forêts tropicales et peuplé d'êtres étranges. Un monde dans lequel le jour ne pouvait se lever que grâce au son d'une flûte... »

L'expression du journaliste hésitait entre sourire et incrédulité.

« Attendez, grommela-t-il. Vous êtes en train de nous mener en bateau ! D'abord, si ce caillou semble assez vaste pour renfermer une cathédrale, il ne peut pas contenir toute l'Amazonie ! Ensuite...

— Ce qu'il contient n'a rien à voir avec l'Amazonie, précisa Daniel Collobert en se servant du café à son tour. Les humains qui pénètrent là-dedans accèdent au Multimonde. Et le premier univers que ces jeunes gens ont visité était celui de la Musicienne de l'Aube. »

Convaincu qu'on se payait sa tête, le journaliste lança un rire bref :

« Dommage, monsieur Collobert, mais

l'histoire de *La Musicienne de l'Aube*, je la connais bien : c'est l'un des romans d'Édouard Nigerre !

— Cette histoire, je la connais, moi aussi ! Je l'ai lue cette nuit. »

Daniel Collobert posa près des bols un livre de poche. En apercevant l'illustration de la couverture, qui représentait une jeune fille jouant de la flûte devant un monstre à la face de crapaud, Mika réprima un soupir : oui, en pénétrant avec Sylvain et Sophie à l'intérieur de la *chose*, il avait bel et bien vécu cette aventure. Tout se passait comme si l'objet mystérieux avait le pouvoir de matérialiser les histoires écrites par son oncle ! Ou la capacité de rendre réelles les interminables parties de *Dieux, Dragons et Donjons* auxquelles Édouard, son neveu et les jumeaux jouaient autrefois des nuits entières.

En même temps, Mika pesta contre sa négligence : lui n'avait jamais lu ce roman. Son oncle en avait écrit tellement !

« Attendez, fit le journaliste. Je ne comprends plus.

— La seconde fois, poursuivit Mika, nous avons débouché dans un autre Multimonde : nous étions bien en 2001, mais à Venise –

attention : dans *une autre Venise*, une ville devenue la capitale du monde, sur une Terre gouvernée par la main de fer d'une puissante dogaresse...

— Ce roman, je le connais aussi ! s'exclama le journaliste. C'est, euh...

— *Les lagunes du temps*, acheva Daniel Collobert en posant un nouvel ouvrage sur la table. Je l'ai aussi lu cette nuit. Édouard avait une sacrée imagination...

— Allons donc ! fit Alain Bernard en haussant les épaules. Si j'osais publier le quart de tout cela, monsieur Collobert, on exigerait votre démission immédiate ! L'ennui, c'est qu'on me licencierait moi aussi dans le même temps...

— Vous êtes sceptique ? fit le secrétaire d'État en désignant l'extérieur. Pour vérifier nos dires, il vous suffit de vous risquer à l'intérieur de la *chose*.

— D'ailleurs, ajouta Sophie, c'est exactement ce que nous allons faire. Car lors de notre dernier voyage, nous avons perdu mon frère en route.

— Vous l'avez "perdu en route" ? fit Alain Bernard avec une moue dubitative.

— Oui. À cette heure, il est encore prisonnier

de cet objet. Si Michaël n'avait pas été si fatigué hier soir, ajouta-t-elle sur un ton ironique, nous nous serions risqués dans le Multimonde cette nuit et Sylvain aurait pu être parmi nous ce matin !

— Pas de précipitation, Sophie, s'il vous plaît », dit Daniel Collobert.

Tous les regards se tournèrent vers lui. Un silence pesant tomba et l'on vit le sourire de l'astrophysicien souligner son attitude énigmatique.

« Au fait, monsieur Collobert, lui lança soudain Mika, pourquoi vous êtes-vous éclipsé hier soir sans nous livrer d'explications en emportant les romans d'Édouard ? Et pour quelles raisons avez-vous protégé par un code l'accès à son ordinateur ? Après son départ, expliqua-t-il en se tournant vers les autres, il m'a été impossible de lire les derniers fichiers du disque dur ! Est-ce vous, monsieur Collobert, qui ?...

— Oui. C'est moi. Simple mesure de précaution. Pardonnez-moi, Michaël, mais je vous dois en effet quelques éclaircissements.

— Je serais ravi de les entendre, moi aussi ! » déclara une voix tonitruante.

Sur le seuil se découpait la silhouette imposante d'un militaire en uniforme : un homme au visage lisse et bronzé, qu'on eût dit de marbre, et dont l'expression ne reflétait jamais les nuances et les sourires.

C'était le colonel Cassabois.

2

SECRET-DÉFENSE

Le colonel ôta son képi et le jeta négligemment sur une chaise. Tout en enlevant ses gants avec un soin exagéré, il annonça :

« Mais cette conversation se poursuivra très loin d'ici. Car je vous rappelle que je possède un ordre d'évacuation en bonne et due forme. »

Il sortit d'une poche intérieure un papier qu'il jeta au milieu des bols. Puis il reprit d'une voix impersonnelle qui ne souffrait aucune réplique :

« Vous devez donc tous, impérativement, quitter cette zone en général et cette maison en particulier. Cette mesure s'adresse aussi à vous, monsieur le secrétaire d'État. S'il vous arrivait le moindre accident…

— C'est ridicule, mon colonel ! Nous ne risquons strictement rien. »

Habituellement affable et bon enfant, Daniel Collobert ne semblait plus du tout disposé à l'indulgence. Mika songea que, décidément, le colonel avait l'art de rendre agressif l'individu le plus inoffensif.

« L'une des clés du mystère de cette *chose*, ajouta l'astrophysicien en désignant le sous-sol, c'est l'ordinateur d'Édouard Nigerre, j'en suis convaincu ! Je dois absolument m'en servir.

— Merci pour ces précisions, déclara le colonel sans se départir de son calme. Mes hommes vont donc investir le laboratoire. Désormais, cette affaire relève de la Sûreté nationale. Et c'est là une raison supplémentaire pour que vous évacuiez les lieux. N'oubliez pas, monsieur le secrétaire d'État, que je suis responsable de votre sécurité. »

Sans se retourner, le colonel esquissa un geste vers son aide de camp qui était resté sur le seuil. Aussitôt, une dizaine de soldats entrèrent. Ils ébauchèrent un mouvement d'encerclement autour de la table comme si la salle de séjour avait été un champ de manœuvres.

« Vraiment, grommela Daniel Collobert, vous êtes ridicule, Cassabois ! Je ne bougerai pas d'ici. Dès qu'Ève Colombe nous aura rejoints...

— Madame le ministre doit quitter Gardonne ce matin pour Paris. Elle préside cet après-midi la cellule de crise que le gouvernement a créée après l'apparition de cette *chose.* »

Le colonel afficha un sourire faussement désolé. Ève Colombe, songea Mika, ne pourrait donc pas leur venir en aide ! Alain Bernard arrêta le magnétophone et fit signe au photographe qui l'accompagnait.

« Bon. Eh bien, je crois que nous n'avons plus rien à faire ici..., fit-il d'un air dégagé.

— Stop ! ordonna Cassabois en levant l'index. Veuillez laisser ici tout ce matériel. Désormais, tout ce qui touche à la *chose* est classé secret-défense.

— Vous plaisantez ? Ce sont nos outils de travail et...

— Colonel ? » interrompit Sophie en souriant. Elle désigna sa robe de chambre, puis ajouta :

« Je suis prête à vous suivre. Mais m'autoriserez-vous à changer de tenue ? »

D'une grimace, Cassabois acquiesça. Avant de quitter la pièce, Sophie adressa à Mika un regard de connivence.

« C'est bon, vous avez gagné ! jeta Mika avec un regard résigné. Je débarrasse la table et je suis à vous. »

Arrivé dans la cuisine, il posa la vaisselle dans l'évier et ouvrit silencieusement la fenêtre. Cœur battant, il l'enjamba et sauta dans l'herbe. En se retournant, il aperçut les deux journalistes ; refoulés sur le seuil, ils parlementaient avec les militaires qui essayaient de leur arracher magnétophone et appareils photo. Soudain, l'un des soldats aperçut Mika au moment où il contournait la maison en douce.

« Mon colonel ! hurla-t-il. Par ici, mon colonel ! »

Mika n'attendit pas que Cassabois donnât ses ordres ; il longea le mur et, en trois bonds, atteignit le niveau de la chambre de Sophie. Il s'apprêtait à frapper au carreau lorsque la fenêtre s'ouvrit d'un coup. Il n'eut que le temps de se jeter sur le côté : Sophie bondit par l'ouverture. Elle atterrit à un mètre de lui.

Elle avait enfilé à la hâte un short et un tee-shirt. À présent, elle lui faisait face, accroupie, haletante, décoiffée. Sans un mot, Mika lui prit la main et l'entraîna dans la prairie en courant.

D'abord il crut que leur tentative était vouée à l'échec : pour atteindre la *chose*, il leur fallait parcourir plus de cent mètres à découvert. Derrière eux jaillissaient déjà des cris. Le colonel hurlait :

« Arrêtez-vous ! C'est un ordre... Arrêtez-les ! »

Pendant les quinze secondes que dura leur fuite, Mika entendit derrière lui le cliquetis précis et multiplié d'un appareil photo : le comparse d'Alain Bernard avait dû mettre à profit la confusion générale pour s'éclipser et choisir un bon angle de prise de vue ! Autour de la *chose*, la surveillance s'était relâchée ; avec la relève de la garde, de petits groupes s'étaient formés.

Sur le flanc du bloc, presque au niveau du sol, se dessinait une ouverture de la taille d'un soupirail. Mika s'y dirigea, entraînant Sophie à sa suite. À trente mètres de là, plusieurs gendarmes s'étaient ressaisis. Ils couraient vers eux en agitant les bras de façon inutile et grotesque.

« Bon sang, mais arrêtez-les ! » répétait Cassabois en trépignant sur la terrasse de la maison.

Quelques soldats armèrent leurs fusils sans conviction ; ils les braquèrent en direction des fuyards, attendant un ordre de tir improbable. Au même moment, Mika plongeait par l'orifice comme un lion traverse un cerceau enflammé !

Il se reçut à quatre pattes. La consistance du sol tiède et mou lui était familière. Il progressa en rampant, se retourna, interrogea :

« Sophie ?

— Oui, je suis là ! Avance ! »

Après quelques mètres de reptation, il comprit que le goulet faisait un coude. Il se retrouva dans une nuit quasi totale, grommela :

« Si Cassabois m'en avait laissé le temps, je me serais mieux équipé...

— C'est déjà un miracle que nous lui ayons échappé ! Allez, Mika, avance ! »

Il parcourut plusieurs mètres à tâtons et se releva prudemment. Le goulet semblait s'élargir. Derrière lui, Sophie, impatiente, le poussait.

« Doucement ! Laisse-moi explorer les parois ! De toute façon, nous ne risquons plus rien : je doute que les soldats se lancent à notre poursuite ! »

Ils s'arrêtèrent et reprirent haleine un instant. Mika se sentait grisé par leur coup de force improvisé. Comme Sophie avait eu raison de fuir ! Il se sentit tout à coup très proche d'elle.

« Je suis navré, Sophie, chuchota-t-il enfin. Hier soir...

— C'est sans importance. Maintenant que nous sommes revenus ici, il ne nous reste plus qu'à trouver une issue. Et à espérer que nous déboucherons dans un Multimonde où nous découvrirons Sylvain. »

Ils se turent. Mika attira Sophie contre lui ; elle fit mine de se dégager dans un mouvement d'irritation.

« Écoute, Mika, ce n'est vraiment pas le moment de... »

Derrière eux venait d'apparaître un vague halo de clarté. Une seconde plus tard, deux ou trois pinceaux de lumière balayaient l'extrémité de la paroi de la grotte où ils s'étaient tapis, révélant en même temps une issue face à eux.

« Monsieur Nigerre ? Revenez immédiatement ! C'est un ordre ! » glapissait la voix toute proche de Cassabois.

D'un même mouvement, ils se précipitèrent

pour s'engouffrer dans le conduit l'un à la suite de l'autre. Mika heurta le plafond du front, jura, baissa la tête et fonça devant lui les mains en avant.

« Sophie ? murmura-t-il. Tu es là ?

— Avance plus vite ! Ne t'occupe donc pas de moi, je te suis ! »

Il progressait à l'aveuglette, attentif à l'écho de ses pas, soucieux d'éviter que ses épaules ne raclent trop rudement les parois. Derrière lui, la lumière réapparaissait parfois, et il profitait de ce jour provisoire pour mieux estimer les issues et avancer plus vite. Il enrageait de devoir éviter cette clarté dont il aurait eu tant besoin, et qu'il devait justement fuir.

Bientôt, il arriva dans ce qu'il crut être un cul-de-sac : devant ses doigts qui exploraient fébrilement les parois, il ne découvrait plus aucune ouverture ! Il attendit Sophie qui tardait à le rejoindre. Inquiet, il voulut revenir sur ses pas ; mais le conduit par lequel il était entré rapetissait peu à peu, il essaya en vain d'en retarder la fermeture et y renonça. Il murmura :

« Prisonnier ! Ce truc est en train de se refermer sur moi… »

Sa voix lui parut étouffée dans l'espace

exigu. Lors de leurs incursions précédentes, la même mésaventure leur était arrivée et ils s'en étaient toujours tirés : si la *chose* fermait ses alvéoles, elle ne tardait pas à en ouvrir de nouvelles comme l'eût fait un labyrinthe « aléatoire » et vivant... C'est exactement ce qui se produisit au bout de quelques minutes : comme il palpait la paroi en tous sens, il découvrit une ouverture qui s'agrandissait lentement. Dès qu'elle fut assez large, il s'y engagea en rampant. Il aboutit à un nouveau conduit qui, à en juger par l'écho de ses pas, était devenu aussi large qu'un tunnel routier. De temps à autre, il appelait :

« Sophie ! Sophie !... »

Après une demi-heure de progression à tâtons, il perdit tout espoir de la retrouver : certes, il avait réussi à semer Cassabois, mais pour la première fois, il se retrouvait seul à l'intérieur de la chose ! Aux aguets, il tentait de percevoir l'écho d'une présence. Il s'étonnait d'être moins effrayé qu'il n'aurait dû l'être. Soudain, alors qu'il marchait à pas lents, ses mains rencontrèrent un objet métallique. Il s'arrêta, palpa une barre de fer horizontale dont il suivit les contours ; elle semblait fixée à la paroi qui lui faisait face, une paroi qui, de toute évidence, fermait le couloir où il s'était engagé ! Il explora le vide et rencontra de nouveaux barreaux au-dessus du premier.

« On dirait… Mais oui : ce sont des échelons ! »

Il hésita, puis commença à monter : après tout, il n'avait guère le choix, sauf celui de revenir sur ses pas. Au bout d'un instant, il se retourna vers le vide et fut heureux que l'obscurité l'empêche d'avoir le vertige. Une fois encore, il appela, répéta, hurla :

« Sophie… Sophie ! SOPHIE ! »

Seul l'écho lui répondit. À quelle hauteur pouvait-il bien être ? Pourquoi n'avait-il pas pris la précaution de compter les échelons ? Bah, à quoi cela lui aurait-il servi ?

Il eut la tentation de redescendre. Levant la tête, il aperçut un vague halo au-dessus de lui. Encouragé, il reprit son interminable montée. Bientôt, il eut l'impression de ressentir sur son visage une sorte de courant d'air. Là-haut, un cercle grisé semblait dessiner une issue.

« Oui… J'arrive à la surface ! »

Il comprit l'absurdité de cette constatation : s'il s'était réellement déplacé à l'intérieur de la *chose*, voilà bien longtemps qu'il en aurait atteint l'extrémité ! Comme il se rapprochait de l'ouverture, il ralentit.

« On dirait qu'il fait nuit ! »

Pourtant, dans le *monde réel*, il ne devait pas être loin de midi. Mais Mika ne s'étonnait plus de ces incohérences. Il aperçut des nuages sombres qui couraient dans un ciel noir ; enfin, ses mains agrippèrent le rebord du goulet. Il se rétablit et reprit son souffle à l'air libre.

Il était parvenu dans un nouveau Multimonde !

3

UNE TERRE DE CAUCHEMAR

La première chose que Mika aperçut fut la faible lueur de l'aube. Là-bas, au-dessus d'un coteau, rosissaient quelques nuages effilochés.

« Bon, murmura-t-il. Au moins, ici, le jour se lève sans Musicienne… et ce n'est pas Venise ! »

Dans la pénombre qui se dissipait, il distinguait un paysage désolé : une plaine aride battue par le vent, des collines hérissées d'arbres morts et, tout près, un large ravin de faible profondeur qui aurait pu être le lit asséché d'une rivière. Soudain, son attention fut attirée par les arches de ce qui avait été un pont : il n'en restait plus que quelques piliers, dont la forme lui était vaguement familière.

« Bon sang ! On dirait… Mais oui : c'est le pont de Gardonne ! »

Il se retourna et examina de plus près l'orifice par lequel il était sorti. C'était un puits. Là encore, il identifia sans mal les pierres usées de la margelle : ce puits, il l'aurait reconnu entre mille, même si son oncle, par précaution, en avait autrefois fermé l'ouverture avec une lourde dalle de béton.

La gorge nouée par l'émotion, Mika bredouilla :

« Ma parole, je suis… chez l'oncle Édouard ! »

Il se précipita vers ce qui aurait dû être sa maison. Il n'en restait plus que quelques murs surmontés du squelette délabré de la charpente. Le toit avait disparu ; dans le verger, plus aucun arbre. Sur le sol de l'ancienne prairie ne poussaient que quelques herbes noires et sèches.

« Ce n'est pas possible ! Qu'a-t-il pu se passer ? »

Mika chercha l'église des yeux. Dans le jour

naissant, il devina plus qu'il n'aperçut les fondations de l'ancien édifice : le clocher s'était effondré, noyant la nef et une partie du cimetière sous un informe tas de pierres. Le village de Gardonne était désormais réduit à une trentaine de maisons en ruine. La *chose* n'était plus là, et Mika ne sut pas s'il fallait en être rassuré ou déçu. Il courut vers la Dordogne. Il était impossible d'y distinguer le moindre filet d'eau.

Mika revint vers la maison d'Édouard ; il explora les ruines, à la recherche d'un indice qui pût le renseigner sur les derniers occupants des lieux ou sur la nature du cataclysme qui avait ravagé la région. Il ne restait plus rien. Dans ce qui avait été la cuisine, il nota que l'évier lui-même avait été arraché, comme si la maison avait subi un pillage systématique. Soudain, il buta contre un objet métallique égaré parmi les gravats. Il le ramassa. Cela ressemblait à une petite horloge ou à un radioréveil. Derrière le cadran brisé, on pouvait lire, au-dessous de 08 : 59, d'autres chiffres : 28/05/2197.

« Le 28 mai 2197 ! Je suis dans le futur ! Il se serait donc écoulé près de deux siècles depuis que je suis parti ? »

Aussitôt, il comprit l'absurdité de son raisonnement ; il rectifia :

« Non. Cette horloge ne fonctionne plus depuis longtemps. Mais 2197, c'est sans doute l'époque à laquelle la maison a été détruite ou abandonnée. Bien des années ont dû passer depuis cet événement... »

Découragé, au bord des larmes, il s'assit au milieu de ce qui avait été la salle de séjour. Comme pour se rassurer, il effectua quelques déductions à voix haute :

« Pas de panique. Ce n'est pas la première fois que tu te risques à l'intérieur de cette *chose* et que tu surgis dans un Multimonde. Les deux fois précédentes, tu en es revenu. Et tu as constaté que tu retrouvais toujours ton époque et ton monde d'origine... Il n'y a donc aucune raison pour que ce... cette terre de cauchemar soit le monde tel qu'il deviendra. Il se peut même que... *que tout cela n'existe pas.* »

Comme il aurait voulu s'en convaincre ! Mais hélas ! il ne rêvait pas. Il sentait bel et bien sous ses pieds un sol rude et inégal, et sur son visage un vent tiède, aux relents nauséabonds. Et il ne disposait d'aucun moyen pour retrouver le village de Gardonne de l'année 2001. À présent, le jour s'était levé. Un soleil jaune et sans chaleur montait dans un ciel sale, encombré de nuées sombres, comme si l'atmosphère elle-même avait été polluée par un mystérieux fléau. Mika revint vers le puits, fouilla des yeux le tunnel obscur et hurla : « Sophie ! »

Seul l'écho répété de sa voix lui répondit. Il fut tenté de redescendre. Puis il se dit qu'en explorant les maisons du village, il découvrirait peut-être une explication sur l'état de la région. Il rejoignit la départementale ; elle était trouée de nids-de-poule. Se tournant vers les ruines des maisons avoisinantes, il hurla :

« Il y a quelqu'un ? Hé, répondez ! »

Vaguement, il espérait que Sylvain surgirait et qu'il lui livrerait en éclatant de rire la clé de tous ces mystères. Après tout, c'était pour le retrouver qu'ils étaient repartis en exploration dans la *chose.* Mais le village semblait désert. Mika gravit le coteau et observa les alentours. Là où aurait dû se trouver Sainte-Foy-la-Grande, il n'y avait plus une seule maison. Il ne put même pas repérer la haute flèche de l'église. Face à lui, à trois kilomètres derrière la Dordogne – ou plutôt derrière cette étroite vallée asséchée – le bourg de La Force n'existait plus. Du côté de Bergerac, aucun signe de vie. Le château de Monbazillac, dont la fière silhouette se détachait d'ordinaire sur sa colline, avait disparu.

« Bon sang, murmura Mika, la Terre n'a tout de même pas été ravagée par une guerre atomique ? Il y a bien encore quelqu'un, quelque part ? »

Comme pour répondre à sa question, un lapin jaillit d'un fourré d'épineux et détala, effrayé. Avant que Mika n'esquisse le moindre geste, un petit véhicule apparut à l'endroit où le lapin avait surgi. Avec ses six roues articulées, sa tourelle pivotante, son radar et ses drôles d'antennes, il tenait tout à la fois du jouet et du robot d'exploration lunaire. Mika comprit que le lapin avait fui devant cet objet qui était lancé à sa poursuite. La vitesse et la mobilité du véhicule semblaient redoutables par rapport à sa taille. Tout à coup, il pila sur place en abandonnant sa proie. La coupole de son radar s'abaissa vers Mika qui se trouvait à une dizaine de mètres de là.

« Mais... qu'est-ce que c'est que ça ? »

Le véhicule se contenta de répliquer par un bref bourdonnement. On eût dit qu'il tentait d'identifier son interlocuteur. Mika aperçut, au-dessous de la coupole métallique, un tube qui pivotait vers lui. Stupéfait, il comprit que l'objet était en réalité un petit char d'assaut.

« Eh, ce truc-là ne va quand même pas me tirer dessus ? »

Instinctivement, il se jeta de côté au moment où le canon miniature lançait un jet de feu. Le coup atteignit un arbre de plein fouet ; l'une de ses branches s'écroula en grésillant.

« Stop, t'es fou ou quoi ? Arrête ! »

Mika bondit par-dessus un muret et continua à toute vitesse vers le village. Le véhicule se lança à sa poursuite, se faufilant entre les fourrés, escaladant les blocs de pierre. Nul obstacle ne semblait de taille à l'arrêter. De temps à autre, il crachait un rayon mortel en direction du fuyard. Mika se dit qu'il ne ferait pas le poids très longtemps face à cet attaquant mobile. En zigzaguant, il courut jusqu'à la maison d'Édouard. Il espérait avoir le temps de s'engouffrer dans le puits, où ce véhicule diabolique ne pourrait sans doute pas pénétrer. Alors qu'il détalait au milieu de la prairie, il entendit une détonation suivie immédiatement d'une explosion, puis une autre détonation. Il se jeta à terre à tout hasard, attendit quelques secondes et tourna la tête.

Le tank-robot avait été réduit à l'état de carcasse fumante. Non loin de là était planté un grand escogriffe ; il était vêtu d'un manteau élimé et armé d'un long fusil. Après avoir éliminé le véhicule automatique, l'homme mettait en joue Mika, qui lança :

« Eh… doucement, camarade ! »

Toujours allongé au sol, il écarta lentement les bras pour montrer ses intentions pacifiques ; il ajouta le plus calmement qu'il put :

« Tu ne m'as quand même pas tiré des griffes de cet engin de mort pour m'abattre à mon tour ?

— Ça dépend, fit l'autre d'une voix rauque. Si tu es un humain, tu ne m'intéresses pas. Je ne suis pas anthropophage. »

Sans quitter sa cible des yeux, l'homme écarta les pans de son manteau. Et Mika aperçut, suspendu par les oreilles à un mousqueton, le lapin qui, tout à l'heure, avait fui devant le robot.

« Eh oui, grommela l'inconnu en désignant le véhicule détruit. Tu vois, j'ai fait coup double. Et mon fusilaser a encore des réserves. »

De sa main libre, le chasseur tira de sa poche un couteau à cran d'arrêt. Il le lança –

et la lame vint se ficher à terre exactement entre les pieds de Mika.

« Si tu n'es pas humain, je ne me laisserai pas avoir.

— "Pas… humain" ?

— Ne fais pas l'innocent. Prends ce couteau et entaille-toi légèrement l'avant-bras. Je veux voir le sang couler.

— Quoi ? Mais c'est ridicule ! Tu es…

— Obéis ! »

Mika vit que l'index de l'homme se crispait sur la détente. Son regard fiévreux et méfiant trahissait une longue habitude des ruses et de la traque.

« Vas-y. Et surtout, pas de geste brusque. »

Résigné, Mika saisit le couteau, et lentement piqua le dos de sa main. La lame était si aiguisée que le sang perla aussitôt. L'expression de l'inconnu se détendit un peu.

« Pose le cran d'arrêt à terre. Éloigne-toi. »

Mika obéit. L'autre reporta son attention sur la prairie, les maisons, le village, comme s'il avait redouté un nouveau péril. Son examen parut le satisfaire puisque, après avoir empoché son couteau, il abaissa le canon de son arme et lança vers Mika, d'une voix presque indifférente :

« Bon. À présent tu peux filer. Inutile que nous restions groupés. Je te souhaite bonne chance. »

Déjà, il tournait les talons.

« Quoi ? Eh, j'aimerais quand même avoir quelques explications ! »

Mika le rattrapa. Au moment où il allait lui saisir l'épaule, l'homme fit volte-face et lui enfonça le canon dans les côtes.

« Gare ! Ce n'est pas parce que tu es aussi une cible que ça te donne le droit de me toucher.

— Une *cible* ?

— Recule, je te dis. »

Mika fit trois pas en arrière. Dans le silence et le moment de flottement qui suivirent, il nota que le chasseur était maigre à faire peur. Son visage était mangé par une barbe de plusieurs jours. Il était sale et sentait mauvais. Ses cheveux, longs et en désordre, n'avaient pas été coupés depuis bien longtemps. Ses vêtements étaient rapiécés ; seules, ses armes semblaient avoir été l'objet de soins attentifs.

« Écoute, murmura Mika, je ne suis pas un ennemi. Et je sais que tu ne me veux aucun mal. Sinon, tu ne m'aurais pas sauvé la vie.

— Tu veux parler du droïde ? » Du canon

de son fusil, l'homme désigna les restes du petit robot ; il ajouta dans un rire bref : « Après t'avoir éliminé, c'est moi qu'il aurait cherché à détruire. Cela fait plusieurs heures que nous jouions à cache-cache, tous les deux. En fait, le droïde avait repéré le lapin et il le suivait dans l'espoir qu'une cible finirait par le prendre en chasse. »

Mika fronça les sourcils, soupira :

« Désolé, mais je n'y comprends rien.

— Pourtant, tu sais bien comment ils s'y prennent... »

D'un geste, le chasseur montra le ciel.

« D'abord, les satellites repèrent tout ce qui bouge et dégage de la chaleur. Puis les cybernautes qui possèdent assez de points pour jouer lancent leurs droïdes à la recherche des cibles. Quand les robots tombent sur un animal, c'est qu'une cible n'est pas loin. Car qui dit animal dit nourriture. Et les cibles sont toujours à la recherche de tout ce qui est comestible. »

Mika eut un haut-le-cœur : tout à l'heure, quand l'inconnu avait affirmé qu'il n'était pas anthropophage, ce n'était sans doute pas pour plaisanter. Devait-il croire que certains individus, sur Terre, en étaient réduits à s'entre-dévorer ?

« C'est exactement ce qui est arrivé, expliqua l'autre : le droïde ne perdait pas le lapin de vue. Il attendait qu'un chasseur finisse par se pointer. Aussi, quand j'ai repéré le gibier, je me suis méfié. Moi, je me méfie toujours. J'ai deviné que l'animal était sous surveillance. Grâce à toi, l'attention du robot a été détournée, et j'ai pu le liquider. Puis ça a été le tour du lapin. »

Stupéfait, Mika hochait la tête. Il essayait d'assimiler ces informations au plus vite. Confusément, il comprenait que sa vie en dépendait.

« On dirait que tu tombes des nues, ricana l'homme. Tu viens d'arriver ?

— Oui... Oui, c'est ça, en quelque sorte : je viens d'arriver.

— Eh bien, l'ami, désormais, tu es *une cible*, toi aussi ! »

4

GRAND JEU EN RÉALITÉ NON VIRTUELLE

Comme Mika, interloqué, ne trouvait rien à répondre ni à demander, l'inconnu leva une fois encore le canon de son arme vers le ciel :

« Et comme, de là-haut, deux cibles réunies se repèrent plus aisément qu'une seule, il vaut mieux nous séparer… Salut !

— Non, attends ! supplia Mika. Nous sommes des cibles, soit. Mais qui sont les tireurs ? »

L'autre fit une grimace et haussa les épaules, comme si la question lui semblait ridicule.

« Les tireurs ? Mais tout le reste de l'humanité, bonhomme ! »

Cette fois, il pointa le canon vers le sol, expliqua :

« C'est-à-dire tous ceux qui vivent là-dessous, bien protégés dans leurs cellules souterraines : les cybernautes ! Et aujourd'hui, on n'a plus guère le choix, mon gars : on est cible ou cybernaute.

— Les cybernautes ?

— Ouais. Et n'essaie pas de faire le malin avec moi. Parce qu'avant d'être devenu une cible, on a forcément été cybernaute. Et si l'on a été chassé des abris individuels du sous-sol et condamné au Jeu, c'est pour une bonne raison, pas vrai ?

— C'est sûr, répondit Mika en faisant semblant de comprendre. Le Jeu, c'est quoi ?

— Le Grand Jeu en Réalité Non Virtuelle ? Mais tu sors d'où ? Pardi, c'est la situation où nous sommes, mon gars : des cibles que les cybernautes cherchent à abattre. Et tous les coups sont permis !

— À quoi bon nous supprimer ? s'exclama Mika. Qu'est-ce que ça peut leur rapporter, aux… cybernautes ? »

Le chasseur éclata d'un rire amer et triste.

« Tout simplement des points avec lesquels ils améliorent leur ordinaire ! Une bonne cible abattue, ça te donne de la nourriture, de nouveaux droïdes pour le Jeu et des provisions d'images pour un an ou plus.

— Qu'est-ce que tu appelles "une bonne cible" ?

— Chaque jour, fit l'homme en bombant le torse, les rescapés sont dotés de points supplémentaires. Moi, comme je survis depuis plusieurs mois, je suis très recherché. Mais toi, ajouta-t-il en jaugeant Mika avec une moue un peu méprisante, tu es nouveau, tu ne vaux pas bien cher. Et j'ai peur que tu ne fasses pas long feu.

— Je suis à la recherche d'une... d'une autre cible. C'est mon amie : Sophie. Moi, je m'appelle Michaël. »

L'inconnu parut choqué par cette révélation. Comme Mika se rapprochait, il s'écarta.

« Mi-cha-ël ? » articula-t-il avec difficulté.

À nouveau, il eut un regard circulaire où se lisait méfiance et effroi. Mika avait-il transgressé un tabou ?

« Ça fait tout drôle, fit l'autre en baissant la tête, de se révéler nos anciens pseudos. En accédant au statut de cibles, nous sommes devenus des Sans-Nom...

— Michaël n'est pas un pseudonyme. C'est mon vrai prénom. »

L'inconnu écarquilla les yeux comme si Mika avait proféré une absurdité. Ou révélé un secret inavouable.

« Mais toi, ajouta-t-il, tu ne m'as pas dit comment tu t'appelais.

— Moi ? »

Le chasseur appuya son fusil sur son menton comme pour mieux réfléchir au problème. Enfin, le regard perdu, la voix très basse, il murmura :

« Moi, je m'appelais Gus.

— C'était ton pseudo ? On dirait un diminutif. Tu veux dire que ton prénom était... Gustave ? » ajouta Mika en réprimant un sourire.

S'appeler Gustave, au XXIIIe siècle, cela paraissait plutôt incongru.

« Peut-être, répondit Gus en grattant sa joue râpeuse. Peut-être bien. Mon vrai nom, je ne m'en souviens plus.

— Et tu ne m'as pas révélé non plus la raison pour laquelle tu... tu étais devenu une cible ?

— Sans doute la même que toi, mon gars. »

Gus avala sa salive avec difficulté. Les souvenirs qui lui revenaient étaient sans doute douloureux et lourds à porter. Songeur, il enjamba une poutre avec prudence, elle semblait soutenir un pan de mur près de s'écrouler ; et il choisit, pour s'asseoir, un lieu dégagé d'où il pouvait surveiller les alentours. Mika reconnut là les précautions élémentaires d'un homme traqué.

« Moi, avoua enfin Gus d'une voix rauque, j'aimais Millie. J'avais fait sa connaissance sur le Net et nous avions pris le risque de nous rencontrer.

— Le risque ?

— Tu sais bien que c'est interdit, bonhomme ! Ça ne viendrait plus à l'idée de personne de communiquer en dehors du réseau ! Donc, nous avons enfreint les règles. Nous voulions nous aimer pour de vrai !

— Pour de vrai ? fit Mika en fronçant les sourcils. Pourquoi ? Il existe un autre moyen de s'aimer ?

— Dans le cybermonde, on ne fait plus l'amour que de loin, tu sais bien ! Chacun reste chez soi et la rencontre a lieu dans la réalité virtuelle. C'est pratique et sans danger. Mais ce n'est pas *vrai*, tu comprends ? »

Mika réprima un frisson. Peu à peu lui revenaient à la mémoire certaines conversations qu'il avait eues avec l'oncle Édouard, quelques années auparavant. L'écrivain lui avait livré ses craintes quant à l'abus de ces univers artificiels.

« Les robots-policiers ont investi la cellule de Millie quelques minutes après mon arrivée. Nous avons été condamnés aussitôt, et expulsés à la surface, dans le Grand Jeu en Réalité Non Virtuelle. »

Du canon de son fusil, Gus fit un long « panoramique » sur la campagne désolée. Le cœur gros, Mika contempla ce qui avait été le Périgord de son enfance ; ainsi, la surface de la Terre, désormais abandonnée par tous ses habitants, était devenue un terrain de jeu où ne subsistaient plus, çà et là, que quelques humains isolés et traqués.

« C'est ça, murmura-t-il comme pour lui-même : une chasse à l'homme dans un parc d'attractions à l'échelle planétaire ! Les chasseurs nous observent et nous piègent à distance, bien en sécurité dans leur sous-sol... »

Il songea avec angoisse à Sophie. Où se trouvait-elle, en ce moment ? Avait-elle émergé, comme lui, dans ce Multimonde ? Mais à quel endroit ? Et comment la retrouver ? Sans parler de Sylvain, pour lequel ils s'étaient si imprudemment risqués dans cet univers d'épouvante...

« Et Millie, demanda-t-il à Gus, qu'est-elle devenue ?

— Oh, je suppose qu'elle a péri ! Pour les cybernautes, les femmes sont les cibles les plus faciles à éliminer. »

À cet instant, une voix féminine, inconnue et lointaine, jaillit du lit asséché de la Dordogne :

« Gus ? »

L'interpellé pâlit, affermit ses deux mains sur son arme et se leva, soudain aux aguets. Il bredouilla :

« Cette voix... Non, ce n'est pas possible !

— Gus, tu es là ? C'est moi : Millie. »

Alors, Mika vit apparaître, se hissant sur l'une des piles du pont effondré, une jeune femme. Elle était vêtue de haillons et avait un regard halluciné. Sa démarche claudicante trahissait son épuisement. En apercevant le compagnon de Mika, une sorte de lueur s'alluma dans ses prunelles. Elle sourit avec difficulté, tendit ses deux mains nues et lança, d'une voix enrouée par l'émotion :

« Gus ! Enfin, je t'ai retrouvé !

— Millie ! »

Sans quitter son arme, Gus courut vers elle, et ils se jetèrent dans les bras l'un de l'autre.

Une pointe de jalousie déchira le cœur de Mika : ainsi, ces deux-là s'étaient rejoints !

Le couple enlacé revenait vers lui.

« Mika, déclara Gus, je te présente Millie ! »

Comme le chasseur jetait ses mots à son interlocuteur, son visage changea soudain d'expression ; son regard, devenu lointain, n'exprimait plus qu'une intense stupéfaction.

Mika vit alors que Millie, qui avait pris Gus par la taille, tenait un couteau à cran d'arrêt dans son autre main. Elle venait de dénicher l'arme dans le manteau de son compagnon ; d'un geste rapide et précis, elle le lui planta dans le cœur !

« Millie ? balbutia Gus.

— Navré, jeta-t-elle d'une voix toute différente en arrachant le couteau. Mais tu t'es laissé avoir comme un bleu. »

Un filet de sang coula des lèvres de Gus. Après quoi il s'effondra lourdement à terre, sans vie, la main crispée sur son fusil.

À dix mètres de là, Mika avait assisté à toute la scène. Pétrifié, il était incapable d'esquisser le moindre geste. Avec une rapidité stupéfiante, la jeune femme ramassa l'arme de son compagnon. Avant de la braquer vers Mika, elle jeta un coup d'œil sur le niveau de la jauge encastrée dans la crosse.

« Et la charge est presque au maximum ! Quelle chance... Je n'imaginais pas que la journée serait si bonne !

— Attendez ! bredouilla Mika. Vous... je ne crois pas que vous êtes Millie ! »

Dans les Multimondes précédents, il avait souvent eu affaire à des individus qui ressemblaient aux amis ou aux parents du monde qu'il avait quitté. Même si elle l'intriguait, cette ressemblance avait quelque chose de rassurant. Mais ici, depuis qu'il avait émergé à la surface, les visages de ses interlocuteurs lui étaient parfaitement inconnus ; et ils n'étaient pas rassurants du tout !

« Si tu n'as pas encore compris qui je suis, tu es bien naïf ! Tu ne dois pas valoir très cher – mais l'occasion est trop belle pour que je la laisse échapper ! »

Mika sut que sa dernière heure était venue. Pour mettre en joue sa future victime, la jeune femme posa son pied sur une poutre qui saillait du mur – la poutre que Gus, tout à l'heure, avait soigneusement évitée car il devait la juger branlante. Et en effet, elle bascula aussitôt, entraînant Millie en avant ! Elle se rétablit *in extremis* pour ne pas tomber et, très vite, tira. Mais Mika avait profité de ce répit pour plonger en avant. Le projectile frôla sa joue et fit exploser le petit muret.

Affolé, il se redressa et amorça une fuite désespérée, car il s'attendait à être canardé sans pitié. Un grondement terrifiant derrière lui le fit ralentir, et s'arrêter.

Il se retourna. Tout un pan de mur venait de s'écrouler, ensevelissant son agresseur sous quelques tonnes de pierres ! Indécis, haletant, Mika attendit que la poussière se dissipe avant de se risquer vers les gravats.

« Eh bien… elle doit être complètement écrabouillée là-dessous ! »

Il aperçut le fusil dont le canon dépassait d'un tas de pierres. Il enleva quelques moellons avec précaution, tomba sur le couteau ensanglanté, qu'il mit à tout hasard dans sa poche. Bientôt, il dégagea une main inerte crispée sur la détente.

« Millie ? »

Il doutait qu'elle en eût réchappé. D'ailleurs, il ne le souhaitait pas vraiment ;

mais il voulait s'assurer que son agresseur était hors d'état de nuire. Il tira sur le bras… qu'il arracha sans difficulté !

Le membre qu'il tenait en main s'achevait par une articulation en plastique ou en résine ; là, pendaient plusieurs fils de couleur sectionnés. Le derme, déchiqueté, était fait d'une matière élastique qui imitait la peau à la perfection. Abasourdi, Mika dégagea le corps de la jeune femme. Le visage avait été défoncé par un énorme bloc. Il était cabossé comme la carrosserie d'une voiture accidentée. À travers la joue ouverte, on distinguait de fins réseaux de câbles et des circuits imprimés.

La femme qui avait assassiné Gus était un robot.

5

CYBERPARK

Mika se releva vivement et examina les alentours, en alerte. Le péril pouvait surgir n'importe quand, de n'importe où. Il en venait même à se méfier des arbres morts qui, au loin, gémissaient sous la poussée du vent.

« Évidemment, c'était facile, murmura-t-il en se tournant une dernière fois vers le robot enseveli. Un sosie artificiel de Millie, c'était le seul moyen d'endormir la méfiance de ce pauvre Gus ! Mais qui a eu cette idée diabolique digne d'un robot, d'un "cyborg" ? »

D'un coup, ce mot réveilla sa mémoire. Il s'exclama :

« Ça y est, je me souviens... *Cyberpark !* »

Voilà quelques années, pendant l'une de leurs promenades au château de Bridoire, Mika avait interrogé Édouard sur l'avenir de la Terre.

« Tu sais, avait d'abord répondu son oncle, ce n'est pas parce que j'écris des romans de science-fiction que je suis plus apte qu'un autre à prophétiser le sort de notre planète ! Mes histoires sont imaginaires. Dans un décor futuriste, elles jouent avec des hypothèses qui se nourrissent des technologies du présent.

— Mais tu as tout de même bien une idée ? avait insisté Mika.

— Oh, j'en ai même beaucoup ! Mais à mon avis, aucune ne décrit l'avenir *réel* de la Terre. Ce n'est d'ailleurs pas là mon objectif. Au contraire : il m'arrive souvent d'écrire des fictions inquiétantes... pour faire comprendre au lecteur qu'il s'agit là de futurs à éviter ! »

Mika, qui préférait entendre son oncle raconter ses histoires plutôt que les lire, s'était précipité dans cette nouvelle brèche :

« Eh bien, justement : quels sont ces avenirs que tu redoutes ? »

Édouard avait soupiré. Il aimait bien se faire un peu prier avant de parler des romans sur lesquels il travaillait.

« En ce moment, j'écris un récit qui s'appelle *Cyberpark*... »

Aucun doute. C'était bien là le titre de cet ouvrage ! Et quand il était sorti en librairie, un an plus tard, Mika n'y avait même pas jeté un coup d'œil ; maintenant, il s'en mordait les doigts. Et il ne lui restait plus qu'à rassembler ses souvenirs. Qu'avait ajouté Édouard ? Quelque chose comme :

« As-tu remarqué, Mika, que les gens préfèrent de plus en plus souvent l'image à la réalité ? Au lieu de regarder la nature qui est à leur porte, au lieu de se promener, d'observer, de se rendre sur le terrain, ils préfèrent se coller devant un écran qui leur livre des informations toutes faites, « aseptisées ».

— Peut-être, avait grommelé Mika qui se sentait quelque peu visé. Et alors ?

— Attends... As-tu noté que les individus, depuis quelque temps, ne savent plus communiquer qu'avec des appareils ? Ils utilisent la vidéo, le fax, le téléphone... sans parler de la réalité virtuelle et d'Internet ! Tu constateras d'ailleurs que ceux-là mêmes qui passent des heures à discuter dans un combiné ou à taper sur un clavier, deviennent souvent muets et désemparés quand ils se retrouvent devant quelqu'un ! Comme si le contact direct les rebutait. Comme s'ils avaient désormais besoin d'un appareil pour créer des liens.

— Bon. Mais où veux-tu en venir ?

— Eh bien imagine, Mika, que toutes les sociétés, dans le futur, accentuent et légalisent cette tendance : suppose que les coutumes ou les lois interdisent de se voir, de s'approcher, de se toucher ! Tout, absolument tout ne se ferait plus que par écrans interposés. Cela donnerait un véritable *cybermonde.* »

Oui. Maintenant, Mika retrouvait vaguement le fil du récit dont Édouard lui avait fait le résumé :

Sur une Terre du futur, abandonnée, polluée et hostile, les survivants, reclus et isolés, habitent des cellules souterraines ; ils ne communiquent plus entre eux que par le réseau. Ceux qui refusent de se plier à cette règle sont rejetés à la surface où ils deviennent des cibles pour le Grand Jeu en Réalité Non Virtuelle...

Il y avait aussi un mystérieux Maître des cybernautes qui tirait les ficelles de ce monde de cauchemar.

« Cela ne m'explique pas comment ni pourquoi je me retrouve dans cet univers, murmura Mika en s'engageant prudemment dans la rue principale du village. Bon sang, ce n'est que de la fiction ! Comme les Multimondes précédents, tout ça n'existe que dans les bouquins d'Édouard et pas dans la réalité. »

Tout en réfléchissant, Mika longeait l'église effondrée. Il se souvint que la veille, c'est en descendant dans la crypte que Sylvain et lui étaient parvenus à entrer dans la *chose*. Il s'arrêta, haussa les épaules et murmura, amer :

« Tu es *déjà* à l'intérieur de la *chose*. »

À cet instant, un bruit insolite l'alerta : au milieu des décombres, deux pierres venaient de dégringoler. Il y eut un bref silence – puis de nouveaux blocs se détachèrent et vinrent rouler jusqu'à ses pieds.

L'image de Sophie et de Sylvain traversa l'esprit de Mika un instant. Mais il chassa cet espoir ténu. Quelque chose le poussait à croire que sa quête n'était pas près d'aboutir. Et qu'il ne retrouverait pas si aisément ses amis.

En trois bonds, il se précipita derrière une colonne restée debout. Cœur battant, il se mit à guetter l'endroit où l'éboulement, lentement, se poursuivait. Bientôt, une silhouette émergea des pierres, comme un nageur sort de l'eau. Elle surgissait de l'endroit précis où Mika situait la crypte ; elle se rétablit péniblement au milieu des gravats et, quand elle se redressa, elle eut soin de se pencher dans le trou pour ramasser un objet, qu'elle nettoya avant de le mettre sur sa tête.

Cet objet, c'était un canotier. Et Mika fut tellement surpris de reconnaître le journaliste de *Sud-Ouest* qu'il ne put s'empêcher de s'exclamer :

« Ça alors… Alain Bernard ! »

6

UN ROBOT SYMPATHIQUE

« Vous ? Michaël ? »

Le journaliste semblait interloqué, lui aussi. Ses vêtements étaient semblables à ceux qu'il portait le matin même ; mais sa cravate était tire-bouchonnée et sa veste maculée de boue.

« Eh bien, je n'espérais pas vous trouver si vite ! » lança-t-il avec un soulagement évident.

Alain Bernard devait sûrement être au courant des étranges lois de ce monde : il semblait lui aussi aux aguets. Il jeta un regard circulaire, comme s'il avait craint d'être observé, puis adressa à Mika un geste impératif :

« Venez ! Suivez-moi ! »

Déjà, il s'introduisait dans l'orifice d'où il avait surgi. L'hésitation de Mika fut de courte durée : s'il restait à la surface, il finirait tôt ou tard par se faire repérer et éliminer. Mieux valait rejoindre les fameux cybernautes, en admettant que la chose fût possible.

Regagnant l'étroite excavation, il y entra sans trop de difficulté : le tunnel, qui avait été étayé sur trois ou quatre mètres, aboutissait bel et bien à l'escalier de la crypte comme Mika l'avait supposé. Le journaliste s'engagea le premier sur les marches qu'il éclairait au moyen d'une lampe de poche. Mika lui emboîta le pas.

« Expliquez-moi, monsieur Bernard ! Comment saviez-vous que j'étais là-haut ? Pourquoi êtes-vous venu me chercher ? Et où m'emmenez-vous ainsi ?

— Vite, avançons ! Tant que nous n'aurons pas rejoint notre cellule, vous ne serez pas en sécurité. »

Pour répondre à Mika, le journaliste s'était retourné ; il ne vit pas la voûte et oublia de baisser la tête. Celle-ci heurta violemment la pierre en laissant entendre un surprenant écho métallique. Mika crut que le malheureux allait s'écrouler sous le choc ; mais il vacilla à peine et reprit sa descente. Un doute terrifiant s'empara de Mika, qui s'empara du couteau resté dans sa poche. Il saisit le journaliste par l'épaule et l'obligea à se retourner.

« Monsieur Bernard ? Une seconde ! J'aimerais vérifier quelque chose... »

Avant que le journaliste ait pu protester, Mika lui prit le bras et lui tailladа légèrement la main de la pointe de son couteau.

« Eh ! protesta l'autre. Mais que ?... »

La peau se déchira sans saigner, laissant apparaître une matière qui rappelait le plastique, et sous laquelle se devinait un réseau de fils colorés. Horrifié, Mika fit trois pas en arrière et brandit son couteau, prêt à défendre chèrement sa vie.

« Vous n'êtes pas Alain Bernard ! »

L'autre soupira avec agacement.

« Bien sûr que non ! C'est mon jumeau droïde. Un robot à mon image, si vous préférez. Vous n'imaginez pas que je me serais risqué en chair et en os à l'extérieur ? Lui n'émet aucune chaleur. Et s'il lui arrive un accident, cela n'affectera pas son original... c'est-à-dire moi !

— Je n'y comprends rien, dit Mika, toujours en alerte.

— Vous ne m'avez pas laissé le temps de vous expliquer.

— Mais votre voix ?...

— En effet, c'est bien la mienne... et en direct ! Je suis en relation audiovisuelle permanente avec le jumeau droïde qui vous fait face et que je télécommande en ce moment depuis la cellule où je me trouve avec Cassabois.

— Quoi ! Le colonel ?...

— Bon. Vous me faites confiance ? Vous voyez bien que je ne suis pas armé ! Vous me suivez ? Nous en avons pour quelques minutes. »

Troublé, Mika acquiesça. En gardant un écart prudent, il suivit Alain Bernard – ou plutôt son étrange double.

La crypte n'existait plus : l'escalier aboutissait à un couloir étroit et parfaitement tubulaire ; sur les parois couraient de nombreuses canalisations, de toutes tailles et de toutes couleurs.

« Nous sommes dans une gaine de service, expliqua le robot. C'est le seul moyen d'accéder aux cellules. »

C'était donc par ce local technique interminable qu'étaient acheminées l'eau, la nourriture

et l'énergie destinées aux habitations souterraines ! Par là aussi devaient transiter déchets et objets manufacturés.

À trois reprises, ils tombèrent sur un carrefour ; le robot se repérait sans peine dans ces boyaux dont la structure et la taille n'étaient pas sans rappeler le réseau d'égouts d'une grande ville.

« Stop ! » ordonna-t-il soudain.

Cent mètres devant eux, passant dans un tunnel latéral, défilèrent à petite allure, et dans un bruit multiplié de chenilles, quelques petits droïdes aux roues articulées.

« Les appareils du service d'entretien ! Ils sont passés... Voilà, nous arrivons. »

Ici, la paroi du couloir avait été découpée, sans doute à la tronçonneuse, de manière à confectionner une grossière porte amovible. Le robot la fit pivoter. Une vive clarté aveugla Mika, qui fut accueilli par une voix tonitruante et familière :

« Ah, monsieur Nigerre, enfin ! Sacrebleu, nous avons quand même réussi à remettre la main sur vous... »

Devant Mika éberlué se tenait le colonel Cassabois.

7

CASSABOIS CYBERNAUTE !

Le colonel n'était pas seul. À son côté se tenait le double parfait du droïde du journaliste. Mika rectifia aussitôt : non, ce n'est pas le double du droïde… c'est l'original !

« Ah, Michaël… comme je suis content de vous revoir, moi aussi !

— Monsieur Bernard – c'est bien vous, cette fois, vous êtes sûr ? »

Ils se serrèrent chaleureusement la main. Le regard effaré de Mika allait d'un individu à l'autre. On eût dit des jumeaux parfaits. Le vrai journaliste, lui, portait un costume en bon état, contrairement au robot dont la tenue avait bien souffert.

« Attendez. Il faut que je le débranche », dit Alain Bernard en cliquant sur la souris qui faisait face à l'écran d'un ordinateur.

Aussitôt, obéissant à un programme informatique, le robot se dirigea vers un placard ouvert. Il y pénétra et en referma la porte sur lui.

« Voilà. Il est en boîte. Je suis navré de vous avoir effrayé, Michaël...

— Venez, asseyez-vous, ajouta Cassabois. Voulez-vous boire ou manger ? »

Tandis que le journaliste lui servait un repas chaud, Mika examina les lieux. Tous trois se trouvaient dans une sorte de studio confortable et bas de plafond. Ici, tout était fonctionnel : depuis le coin cuisine qu'on devinait derrière une paroi translucide jusqu'au lit encastré dans un angle de la pièce. Le studio semblait avoir été conçu de manière parfaite. Mais le plus impressionnant, dans ce logis souterrain, était la paroi aménagée en bureau : on y trouvait une batterie de claviers, plusieurs écrans alignés et des appareils aux fonctions diverses : fax, imprimante, chaîne hi-fi…

« Pas mal, notre petit Q.G., n'est-ce pas ? fit Cassabois vers Michaël en se frottant les mains.

— Si vous m'expliquiez, à présent ? »

Tout en conservant un œil sur les écrans, le colonel fit pivoter son siège. Il semblait tout à fait à l'aise. On eût dit qu'il avait toujours vécu ici.

« Ma foi, c'est assez simple ! Après m'être lancé à votre poursuite à l'intérieur de la *chose*, j'ai dû me rendre à l'évidence : je m'étais égaré. J'espérais bien que l'un des soldats qui me suivait finirait par retrouver ma trace – mais j'ignorais que cet objet cumulait les fonctions de pierre ponce, de palais des glaces et de pâte à modeler… Quand ma lampe a rendu l'âme, j'ai continué d'errer à tâtons. Et au bout d'un temps qui m'a paru bien long, je me suis heurté dans l'obscurité à un inconnu. Je crois que je l'ai beaucoup effrayé.

— C'est exact, poursuivit Alain Bernard en jetant un regard plein de rancune à Cassabois. Mais avouez, mon colonel, que vous n'en meniez pas large non plus, quand nous nous sommes rencontrés !

— Comment ? fit Mika. Vous aviez aussi pénétré à l'intérieur de ?…

— L'occasion était inespérée ! s'exclama le journaliste. Dès que Sophie et vous-même avez disparu dans la chose, et après que le colonel et quelques hommes s'y furent engagés à votre poursuite, le cordon de sécurité s'est révélé totalement inefficace. Mon collègue photographe m'a désigné un orifice voisin qui n'était pas surveillé. Nous nous y sommes précipités. Grâce aux flashes de l'appareil – imaginez les images sensationnelles que nous allions rapporter de cette expédition ! – nous avancions sans difficulté. » Alain Bernard baissa piteusement la tête avant d'avouer : « Mais le photographe a pris de l'avance. Je me suis retrouvé seul dans l'obscurité. Et malgré tous mes efforts, je n'ai pas pu retrouver la sortie. Au bout d'une heure ou deux, le colonel et moi nous sommes retrouvés nez à nez.

— Notre attente n'a pas été très longue, poursuivit Cassabois. Bientôt, un petit robot à six roues est apparu, éclairant de son phare les lieux où nous avions abouti. En fait, nous nous trouvions très près d'ici. » Il désigna l'issue qui communiquait avec la gaine de service. « Et vous savez ce qu'il nous a déclaré – car certaines de ces bestioles sont dotées de la parole ! Je vous le donne en mille : "Ah, vous voici, colonel. Venez, je vais vous conduire à votre cellule avec le robot qui vous accompagne." Bien sûr, je me suis demandé si je ne rêvais pas.

— Et moi, dit Alain Bernard, je cherchais le robot dont il parlait. C'était moi : cette stupide mécanique m'avait pris pour un robot !

— Bref, continua le colonel, le droïde nous a fait entrer dans cette cellule. J'ai d'abord cru à une plaisanterie.

— Moi aussi, dit le journaliste. Je n'imaginais pas que nous avions quitté la *chose.* Et d'ailleurs, je n'en suis pas encore persuadé... Mais quand j'ai ouvert le placard et que j'y ai découvert mon double, j'ai eu le plus grand choc de ma vie !

— Votre double ? Vous voulez dire, demanda Mika, que votre sosie artificiel *était déjà sur place* ?

— Affirmatif, dit le colonel. Nous nous trouvions dans une cellule en parfait état d'habitation. »

À la réflexion, Mika admettait que ces faits

n'étaient pas plus extraordinaires que les situations dans lesquelles ses amis et lui avaient été plongés lors de leurs incursions précédentes : en débarquant dans un Multimonde, les explorateurs se voyaient contraints d'interpréter un personnage, de s'intégrer au plus vite à une situation nouvelle, comme s'ils prenaient en cours une partie de jeu vidéo ou de jeu de rôles. Habituellement, leur irruption était même attendue... voire providentielle ! Ce qui déconcertait Mika, c'était la facilité avec laquelle Cassabois s'était adapté.

« Et Sophie ? Et Sylvain ? demanda-t-il. Les avez-vous découverts ?

— Non. Ni Sophie ni Sylvain. Ni les hommes qui se sont engagés à ma suite dans la *chose.* »

Mika soupira. Où pouvait bien être Sophie ? Comment allait-il retrouver sa trace ? Sans parler de Sylvain, qui était à l'origine involontaire de cette expédition, et qui semblait lui aussi égaré !

« En voyant tous ces écrans, reprit le colonel, j'ai tenté d'établir la communication avec le Q.G. de Gardonne... Et j'ai été stupéfait de constater que c'était impossible ! En revanche, je me suis aperçu que je pouvais me brancher sur le réseau.

— Le réseau ?

— Internet, si vous préférez ! Vous n'ignorez pas, jeune homme, que le *web* fut conçu à l'origine par des militaires pour faciliter les communications des corps d'armée en cas de conflit ? Je dois vous avouer que j'ai eu certaines difficultés à comprendre la situation : toutes les sources d'information auxquelles j'avais accès, tous les correspondants inconnus avec lesquels j'entrais en communication affirmaient... que nous étions en l'an 2222 ! Tous évoquaient une société souterraine de cybernautes et un étonnant Grand Jeu en Réalité Non Virtuelle dont les cibles... mais vous êtes peut-être au courant ?

— Oui, à peu près, dit Mika en réprimant un frisson.

— D'abord, fit le colonel en haussant les épaules, je n'en ai pas cru un mot ! J'imaginais être l'objet d'un vaste canular. C'est pourquoi j'ai tenu à effectuer une mission de reconnaissance ! Nous avons donc fait une petite incursion à l'air libre...

— Très courte ! ajouta Alain Bernard qui avait pâli. Nous avons emprunté les couloirs de service et nous sommes sortis au Fleix, à six kilomètres de Gardonne…

— Là, déclara Cassabois avec un sourire triomphal, j'ai compris que nous n'étions plus à l'époque que nous avions quittée ! Et que nous devions faire face à une situation nouvelle. »

Loin de perturber le colonel, son irruption ici semblait avoir dopé son énergie. À ses yeux, songea Mika, le Grand Jeu en Réalité Non Virtuelle ne devait être rien d'autre qu'une manœuvre à l'échelle planétaire.

« Nous avons failli nous faire abattre par le premier droïde qui nous a aperçus ! glapit le journaliste.

— Une mécanique stupide et primaire, fit Cassabois avec mépris. Je l'ai vite éliminée, n'est-ce pas, monsieur Bernard ?

— En effet. Mais nous sommes tout de même revenus ici plus vite que nous n'en étions sortis ! Et depuis, nous ne nous sommes pas risqués à la surface. Nous y avons envoyé mon "cyborg". »

Mika acheva son repas. Il avisa, à côté de la table, une sorte de vide-ordures dans lequel il jeta son assiette en carton et ses couverts. Il y eut une aspiration brutale et le léger ronronnement d'un broyeur.

« Pratique, n'est-ce pas ? fit le colonel. C'est encore mieux qu'au MacDo ! Vous désirez autre chose ? » ajouta-t-il en désignant l'un des écrans où l'on pouvait sans doute passer commande à distance.

« Mais comment m'avez-vous repéré là-haut ? demanda Mika.

— Grâce au réseau des satellites ! Oh, il m'a fallu peu de temps pour apprivoiser les nouvelles données de ce monde, ajouta Cassabois. J'ai la chance d'être un cybernaute et de disposer d'un local…

— *Nous* avons la chance, rectifia timidement Alain Bernard.

— Balivernes ! Officiellement, je suis le seul occupant des lieux. N'oubliez pas que vous êtes entré ici avec l'identité d'un "cyborg". Par ailleurs, en consultant mon courrier informatique, j'ai constaté que j'existais sous le pseudonyme de Général. Il m'a fallu moins d'une semaine pour me familiariser avec le principe du Grand Jeu en Réalité Non Virtuelle… »

Une semaine ? Pour des raisons encore inexplicables, les nouveaux arrivants, sans doute parce qu'ils avaient été séparés, n'avaient donc pas abordé ce Multimonde en même temps !

« … et pour comprendre que j'avais la possibilité de monter en grade ! acheva le colonel. Je ne m'en suis pas privé…

— Que voulez-vous dire ?

— Approchez-vous des écrans, ordonna le colonel. Regardez. »

Mika redoutait le pire. Et il n'avait pas tort…

8

UN COMBAT INÉGAL

Cassabois fit pivoter son siège ; il saisit l'un des *joysticks* qui se trouvait à côté d'un clavier. De sa main libre, il manipulait la souris. Il cliqua sur la barre de menu. Un paysage désolé apparut sur l'écran.

« Vous voyez ? Ces ruines sont celles du village de Coulounieix-Chamiers, près de Périgueux. J'ai repéré quelques cibles dans les environs. L'une d'elles s'est réfugiée dans le petit bois, en haut du vieux bourg... » Sur un écran voisin, trois points rouges regroupés clignotaient. « J'ai lancé plusieurs droïdes programmés à leurs trousses. Je n'ai plus à intervenir, je suis tenu au courant en permanence de leurs manœuvres d'approche. Regardez : l'une de ces cibles m'intéresse particulièrement : elle a plus de huit mois de vie extérieure et elle est cotée près de soixante mille points. D'ailleurs, si vous m'accordez quelques minutes... »

Avec une dextérité stupéfiante, Cassabois manipulait souris et *joystick*. Un zoom rapide permit de faire un gros plan sur un véhicule baroque qui se déplaçait dans la plaine : c'était une sorte de 4 x 4 blindé. Sur son toit avait été fixé un bazooka mobile. Le conducteur, invisible, était à l'abri derrière des vitres sans doute résistantes aux balles.

« Dommage : il s'écarte du champ de mines que j'ai posées hier ! grommela le colonel. Nous allons essayer de l'y attirer. »

Mika aperçut, affichée sur un autre écran latéral, la liste des armes dont disposait Cassabois ; elle était impressionnante et allait de la simple grenade à l'ogive nucléaire. Soudain, un droïde à six roues jaillit d'un bosquet et tira une rafale sur la voiture. La réplique fut immédiate : un projectile jaillit du bazooka ! Le droïde dut son salut à une habile manœuvre du colonel, qui avait repris les commandes manuelles.

« Va-t-il tomber dans le piège ?... Oui, il poursuit mon robot !

— Attendez, mon colonel. C'est *vous* qui tirez sur le conducteur de cette voiture ? Vous ne voulez tout de même pas sa mort ? »

Cassabois ne prit pas le temps de répondre : il faisait effectuer un nouvel écart au droïde, qui partit vers la colline.

« Voilà : il va passer sur les mines... et j'aurai fait l'économie d'un appât ! »

Soudain, une explosion déchiqueta littéralement le 4 x 4 : le conducteur fut expulsé par le pare-brise avant. Il jaillit à trois mètres de hauteur et retomba lourdement à terre. Mais il se releva presque aussitôt. Le colonel laissa échapper un juron.

« Il est coriace, l'animal ! Mais il ne m'échappera pas... »

L'homme titubait, groggy. Il était jeune et robuste ; de nombreuses cicatrices couturaient son visage bronzé. Avec son gilet pare-balles, sa cartouchière en bandoulière et son fusil-mitrailleur, on eût dit un acteur échappé d'un épisode de *Mad Max*.

Le droïde pivota comme pour narguer son adversaire ; et au moment où le jeune homme mettait le petit robot en joue, un étrange oiseau de proie qui planait apparut.

« Et voilà ! fit Cassabois pour qui l'issue du combat ne faisait plus aucun doute. Il suffit de détourner l'attention de la cible avec un leurre… et le drone[1] va terminer le travail ! »

Tel un bombardier en piqué, l'oiseau artificiel fonçait par-derrière sur sa victime. Au moment où la cible tirait sur le droïde en fuite, l'aile métallique du drone, tel un boomerang mortel, tailla le cou du chasseur. L'homme vacilla, porta la main à sa tête… qui bascula dans un grand jaillissement de sang.

« Mais c'est épouvantable ! hurla Mika. Vous… vous êtes un meurtrier ! »

Au-dessus de l'écran principal, des chiffres se mirent à défiler. Exactement comme dans ces jeux d'arcade que Mika appréciait.

« Super ! s'exclama Cassabois, triomphal. Je dépasse maintenant dix-sept millions de points ! »

Presque aussitôt, des zones de dialogue apparurent en surimpression. Ils émanaient de

1. Drone : généralement, petit avion furtif sans pilote utilisé dans l'armée comme espion.

cybernautes qui commentaient diversement la destruction spectaculaire de la cible :

Djumbo : *O.K., Général, bien joué ! Tu nous as pris de court.*

Batwoman : *Bah, il n'a aucun mérite ! Avec tous les scores qu'il totalise, il a accumulé un arsenal qui rend sa concurrence déloyale !*

Mastik : *D'accord avec toi, Batwoman. Ce Général est devenu trop fort. Il faudrait exiger du Maître une modification de la règle du Grand Jeu.*

Dustbin : *Ou l'éliminer. Formons une coalition contre ce Général !*

« Si des cybernautes se regroupent, dit Alain Bernard en examinant les messages qui se succédaient sur les écrans, vos droïdes risquent de passer un mauvais quart d'heure, mon colonel !

— Les cybernautes n'ont aucun moyen de les identifier. Et ils ignorent mes capacités en matière de stratégie ! »

Mika restait figé, écœuré devant ces images. Tandis qu'il essayait de se ressaisir, de se convaincre que tout cela ne pouvait pas être vrai, qu'il était encore dans l'un des foutus bouquins de son oncle, le journaliste lui chuchota :

« J'avoue que Cassabois m'impressionne. En quelques jours, il a fait des ravages dans la région ! Combien de cibles avez-vous éliminées, mon colonel ?

— Oh, une quarantaine ! C'est-à-dire la quasi-totalité de celles qui se trouvaient en Aquitaine. Il n'y subsiste plus que quelques petits nouveaux dont la valeur est trop faible pour que j'y engage la moindre force… »

Cassabois cliqua sur la souris. Une nouvelle carte apparut.

« Vous voyez, Michaël ? Depuis hier, je contrôle la plus grande partie du Limousin ! Grâce aux nouveaux points que je viens d'accumuler, je vais me procurer de nouveaux droïdes ; ils me permettront de conforter ma position en Auvergne et de poursuivre ma percée dans le Midi-Pyrénées. Dans trois jours, je contrôlerai tout le sud de la France.

— C'est de la folie ! murmura Mika, aussi scandalisé qu'incrédule. Mais… jusqu'où comptez-vous pousser votre avantage ? Quand arrêterez-vous ces massacres ? Jusqu'où va aller votre soif de conquête ? »

Cassabois se tourna vers Michaël. Cette fois,

son enthousiasme quasi enfantin s'était évanoui. Son expression se durcit :

« Que croyez-vous, jeune homme ? J'irai jusqu'au bout ! Je n'ai pas envie de moisir le reste de mon existence ici. J'aimerais comprendre ce qui nous est arrivé, et dans quel monde de fous nous avons abouti. Pour cela, il n'existe qu'une solution : totaliser plus de points que le Maître. Et prendre sa place pour modifier les règles de cet univers insensé.

— Le Maître ? demanda Mika.

— Oui. Je veux devenir le Maître des cybernautes. »

9

UNE CIBLE FAMILIÈRE

Le Maître des cybernautes ! Aucun doute, ce que Mika vivait était bien le roman de son oncle Édouard… Mais hélas, il ne disposait d'aucun moyen pour retrouver l'ouvrage et en lire le contenu. D'ailleurs, il doutait que cela lui eût été utile : dans le Multimonde, si le cadre, l'époque et les protagonistes semblaient conformes aux romans correspondants, il était logique que l'intrusion d'éléments extérieurs soit de taille à en modifier les péripéties.

En y réfléchissant bien, Cassabois avait peut-être raison : le Maître des cybernautes possédait la clé du cyberpark qu'était devenue la Terre ! Mais fallait-il pour cela supprimer de la surface du globe les parias qu'on y envoyait ? Comment convaincre ce militaire d'arrêter le massacre, même fictif ?

« Mon colonel, dit Mika en s'approchant des écrans, que ferez-vous à la tête de ce monde, une fois éliminés tous les rescapés qu'il contient ?

— Que croyez-vous, Michaël ? Mon intention n'est pas de faire le vide mais de maîtriser la situation ! Par ailleurs, rassurez-vous : le cyberpark est sans cesse alimenté. Tenez, voici un condamné. »

L'un des écrans, branché en permanence sur une chaîne d'informations, montrait un vieillard maintenu par des policiers. En fait, songea Mika, ces athlètes en tenue métallique, dont la tête était recouverte d'un casque translucide, devaient être de simples robots. Ils poussaient devant eux, vers l'issue d'un tunnel, le pauvre homme qui semblait à peine en état de tenir debout.

« Qu'a-t-il fait ? demanda Mika.

— Oh, il a dû enfreindre l'une des lois du

cybermonde : obscénité envers un correspondant, injure envers le Maître ou inobservation de l'une de ses règles, délit de communication hors des circuits... Par ailleurs, le Maître des cybernautes peut modifier les lois à son gré... et augmenter ainsi le nombre des cibles. Vous voyez que tout cela est parfaitement régulé. Ah, il sort !

— Mais il va être localisé aussitôt ! dit Mika en apercevant le paysage extérieur. Je suppose que vous avez les moyens d'enregistrer l'image en arrière-plan...

— ... et d'effectuer une recherche géographique ? Oui, cela fait partie du jeu. Mais cette cible n'intéressera personne : elle ne vaut pas dix points ! »

Mika reporta son attention sur l'écran qui affichait toujours la carte d'état-major. Là, au nord de Sainte-Foy-la-Grande, un point rougeâtre isolé se déplaçait à faible allure ; il avait emprunté l'ancien lit de la Dordogne et en remontait le cours, comme s'il avait voulu rejoindre Gardonne.

« Aucun intérêt, dit Cassabois. Cette cible est très peu cotée. Ce n'est que son deuxième jour de vie extérieure, et c'est sûrement une femme. Elle n'intéressera que des joueurs débutants… Tenez, si le cœur vous en dit ? »

Mika faillit repousser avec horreur le *joystick* que Cassabois poussait vers lui – mais il se ravisa, saisi d'un doute.

« Essayez donc, Michaël ! Justement, je dispose d'un drone tout près de cet endroit. »

Le drone en question était un grand duc spécialisé dans la détection nocturne. Ses yeux, des caméras infrarouges, retransmirent une étrange image. Tel un moniteur d'auto-école, le colonel guidait les gestes maladroits de Mika.

« Attendez… Faites-lui prendre un peu d'altitude. Eh ! évitez la cime de ce cèdre ! Dites-moi, Michaël, on voit bien que vous n'avez encore jamais testé de simulateur de vol ! Je parie que vous n'avez pas encore fait votre service militaire ?

— Non, répondit sèchement Mika. Et depuis que je vous connais, je n'ai plus du tout l'intention de le faire.

— En ce cas, répliqua Cassabois sur un ton pincé, je ne comprends pas pourquoi vous avez insisté pour… »

Michaël fit effectuer au grand duc un virage autour de la petite silhouette humaine. Dans le crépuscule, celle-ci se frayait maintenant un chemin dans un dédale de vieux cépages abandonnés.

C'était une jeune fille. Elle semblait épuisée, effrayée, à bout de forces. Mika actionna le zoom pour obtenir un gros plan du visage de la cible. Soudain en alerte, elle leva les yeux vers cet oiseau suspect dont les cercles concentriques l'inquiétaient.

« Voilà pourquoi j'ai insisté, mon colonel, dit Mika en se crispant un peu plus sur les commandes. Je suppose que cette cible, vous êtes capable de la reconnaître et de lui donner un nom ?

— Affirmatif. C'est… ma foi, c'est votre amie Sophie ! »

10

EXPÉDITION EN SURFACE

« C'est un miracle qu'elle ait survécu, ajouta Alain Bernard derrière eux.

— Oui. Si elle s'était trouvée dans une zone hors de mon contrôle…

— Si je comprends bien, tonna Michaël, c'est *vous* qui avez envoyé un droïde à mes trousses, quand je suis parti en exploration dans le village ? C'est *vous* qui avez supprimé Gus au moyen d'une ruse atroce ?

— Une ruse ? Ah, vous voulez parler de ce robot femelle que j'ai aperçu au moment où je vous localisais ? Non : c'est un cybernaute concurrent. Dès que je vous ai identifié, nous avons tout mis en œuvre pour venir vous récupérer, Michaël, ne l'oubliez pas !

— Alors… *vous ne contrôlez donc pas toute cette zone !* »

Le colonel ne semblait pas voir où Mika voulait en venir. Il eut un geste évasif vers l'écran, où Sophie continuait d'évoluer.

« Quelle importance ? Les droïdes du cybernaute qui rôdent encore par ici ont si peu de chose à se mettre sous la dent ! Cette cible… »

Il n'acheva pas sa phrase, fronça les sourcils et reprit d'une voix sourde :

« Sacrebleu, vous avez raison ! La cible… euh, je veux dire Sophie risque d'être éliminée d'un instant à l'autre. Le cybernaute qui avait pris Gus pour objectif pourrait bien lancer ses droïdes à la poursuite de votre amie, à présent !

— Faites quelque chose, mon colonel ! »

Le cœur de Mika s'était mis à battre à coups précipités. Il n'osait penser à Sylvain : s'il avait lui aussi atterri dans ce monde de fous, qui sait s'il n'avait pas déjà été éliminé ? Maintenant, grâce au grand duc dont il essayait de maintenir le vol, Mika ne perdait pas Sophie de vue.

Sophie ! Il ne l'avait retrouvée que pour constater qu'elle était devenue une proie innocente et fragile. Ah, comme il aurait donné cher pour la rejoindre ! Elle lui était plus précieuse que n'importe qui au monde ; et il n'osait penser à ce qu'il deviendrait si elle venait à disparaître. Que lui répétait donc si souvent son oncle ? « Si les choses, les idées ou les êtres ont du prix à nos yeux, c'est parce qu'on a longtemps lutté pour les obtenir, les connaître ou les comprendre. »

De toute évidence, Sophie était affolée par les rondes de l'oiseau artificiel. Elle se croyait dans la position d'un gibier traqué par un rapace !

« Essayez de la rassurer ! dit Mika. De communiquer avec elle !

— Navré, grogna Cassabois. Ce type de drone ne dispose pas de la parole. Si vous voulez que votre amie se calme, éloignez-vous ! »

Mais Mika répugnait à perdre Sophie de vue.

« Il faut absolument que nous lui venions en aide ! murmura-t-il. Pouvez-vous transmettre un message à tous les cybernautes pour leur demander d'épargner... cette cible ?

— Vous plaisantez ! Ce serait le meilleur moyen de les attirer vers elle !

— Alors, assurez sa protection ! Que vos droïdes empêchent l'approche de toute menace inconnue !

— Facile à dire ! » soupira Cassabois.

Cliquant sur la souris, il évalua ses forces et les distances à parcourir. Puis il avoua, quelque peu embarrassé :

« Cette zone était presque déserte, j'ai envoyé mes troupes sur d'autres fronts, assez loin d'ici. Je vais battre le rappel de quelques droïdes de combat, mais ils ne seront pas sur place avant plusieurs heures...

— Moi, je peux y aller ! lança tout à coup Alain Bernard derrière eux. Votre amie n'est qu'à quelques kilomètres de notre cellule ! Je connais bien la région. Et rien ne nous empêche de renouveler la récupération de Michaël, qui a si bien réussi.

— Vous ? fit le colonel incrédule.

— Je veux parler de mon double, évidemment », précisa le journaliste en désignant le placard.

Cette initiative imprévue décida Mika, qui bondit :

« Excellente idée ! Votre robot assurera ma

protection. Parce qu'il n'est pas question, messieurs, que je fasse confiance à toutes vos machines : c'est moi qui vais aller récupérer Sophie. »

Un quart d'heure plus tard, Mika faisait pivoter la cloison de la cellule et il se retrouvait dans la gaine de service. Derrière lui, Cassabois lui lança une dernière fois en guise d'avertissement :

« Vous avez tort, Michaël : dès que vous serez à l'extérieur, la chaleur de votre corps vous fera repérer aussitôt ! Vous ne préférez pas attendre que mes renforts arrivent ? »

Sans répondre à Cassabois, Mika demanda :

« Vous êtes là, monsieur Bernard ? Vous pouvez me servir d'éclaireur ? »

Le double du journaliste referma la cloison et passa devant Michaël. Il tenait à la main la même lampe de poche, qu'il braqua vers l'extrémité du conduit. C'était hélas le seul accessoire qu'il possédait : les règles du cyberpark interdisaient aux robots de détenir une arme. Mika tentait de réprimer les battements de son cœur. Maintenant, il ne pouvait plus reculer. Pour s'encourager, il murmura :

« Allons-y ! »

Le sosie artificiel se mit à courir dans le couloir avec une souplesse que ne possédait sûrement pas l'original.

« Monsieur Bernard... pas si vite ! »

Avant son départ, Mika avait voulu rebaptiser son futur compagnon de route pour ne pas le confondre avec son homologue humain – mais ce dernier, en lui désignant l'ordinateur et les *joysticks* qui lui faisaient face, l'avait convaincu de n'en rien faire :

« Voyez, Michaël : c'est moi qui vous accompagnerai ! D'ici, je contrôle parfaitement les mouvements de mon double. Quand il s'exprimera, c'est moi qui vous parlerai en direct au micro depuis notre refuge.

— Vous oubliez que je dirige toutes les manœuvres ! avait ajouté Cassabois. D'ailleurs en cas de grabuge, je passerai aux commandes. »

Malgré quelques différends sans importance, l'officier et le journaliste semblaient assez à l'aise dans ce cybermonde qui permettait d'agir depuis un fauteuil, sans prendre aucun risque. Mika, lui, était à présent en première ligne, et malgré son assurance il n'en menait pas large.

« Un instant ! chuchota le robot en arrivant à un carrefour. Le colonel me signale la présence d'une patrouille de sécurité. Nous allons devoir faire un détour pour rejoindre l'ouverture clandestine que j'ai pratiquée dans les ruines de l'église de Gardonne. »

Bien entendu, les issues qui permettaient de rejoindre la surface étaient gardées, pour éviter que ne les empruntent les cibles maintenues à l'extérieur. Voilà une difficulté sur laquelle il n'avait pas compté.

Après un long parcours labyrinthique, l'escalier de la crypte fut en vue. En quittant le sous-sol, Mika croyait quitter l'enfer. Mais l'enfer, c'était peut-être ce qui l'attendait là-haut, au contraire.

« Surtout, ne m'abandonnez pas, recommanda-t-il au robot. Sans vous, au retour, je serais incapable de retrouver votre refuge souterrain !

— Oh, rassurez-vous, je tiens à ma peau ! »

Mika faillit répliquer qu'Alain Bernard ne risquait qu'une peau de rechange, mais il se tut. Quand ils se hissèrent tous deux hors des ruines de l'église, il faisait nuit. Dans le ciel encombré de nuages, un croissant de lune éclairait de temps à autre le même paysage désolé. Les ruines et les arbres morts dessinaient une toile de fond d'apocalypse. Le calme lui-même était inquiétant ; l'obscurité semblait peuplée de présences invisibles, prêtes à fondre sur ces victimes isolées et vulnérables.

Soudain, le robot déclara avec la voix du colonel Cassabois :

« Mika ? L'opération sera un véritable exercice pour débutant ! Grâce à mon drone, je ne perds pas Sophie de vue ; elle a rejoint le lit de la rivière et elle remonte vers Gardonne. Il vous suffit de gagner la Dordogne et de descendre à sa rencontre. Moins de huit kilomètres vous séparent. Dans une heure, vous devriez avoir établi la jonction !

— Vous oubliez que nous marchons dans l'obscurité, et sur des éboulis ! »

Quelques pas devant lui, Alain Bernard éclairait justement les ruines de la maison d'Édouard. Mika, une nouvelle fois, eut le cœur serré en apercevant la propriété dévastée. Il soupira :

« Décidément, je n'aurai pas eu le temps de l'habiter longtemps ! Quand je pense que j'en ai hérité il y a quelques jours… »

Il s'aperçut de l'absurdité de son raisonnement : d'abord, cette maison était dans un état imaginaire dû aux fantasmes de science-fiction de son oncle. Ensuite, il ne voulait pas douter qu'il rejoindrait bientôt, comme les fois précédentes, son univers d'origine et l'an 2001. Si Édouard avait été vivant, Mika aurait été persuadé que tout ce qu'il vivait n'était de sa part qu'une mauvaise farce. Mais Édouard ne pouvait plus livrer la moindre explication à son neveu. Ni lui venir en aide.

« Eh oui, murmura-t-il, je suis coincé dans ce Multimonde du futur. Sans aucun mode d'emploi pour en sortir… »

« Michaël ? Vous me suivez ? »

À cinquante mètres de là, le robot avait entrepris l'escalade d'une des piles du pont ; il descendait avec précaution le long des pierres disjointes pour rejoindre le lit asséché de la rivière.

« Bigre, murmurait-il en choisissant ses prises, la varape à distance, c'est plus compliqué que le simulateur de vol !

— Laissez-moi faire », répondit sèchement, par la même bouche, la voix du colonel Cassabois.

Le pied du robot ripa. Il y eut, prononcés

par deux voix différentes, deux jurons étouffés et superposés. Après quoi le corps du journaliste bascula dans le vide ! Il effectua une chute spectaculaire de quatre ou cinq mètres… et se fracassa au sol avec le bruit d'une voiture qui s'écrase contre un mur.

11

SEUL FACE AUX CYBERNAUTES

Michaël se précipita vers le parapet, se pencha, cria :

« Monsieur Bernard ?... Ça va ? »

Un horrible gémissement de ferraille tordue lui répondit ; il provenait du robot qui, en contrebas, tentait de se redresser.

Malgré l'obscurité, Mika se risqua à descendre. Les ruines de la pile du pont formaient une sorte d'escalier et il n'eut besoin que de quelques secondes pour rejoindre son guide. Celui-ci était en piteux état : son crâne était cabossé et sa jambe droite déboîtée et tordue. À chaque pas, le robot laissait échapper un couinement pitoyable.

« C'est malin ! lança Michaël. Je ne sais pas qui est responsable de cette chute mais...

— Ce qui est fait est fait ! répondit Alain Bernard avec une drôle de voix déformée. Ça va ? Vous m'entendez ?

— À peu près. Le haut-parleur a dû en prendre un coup. Vous croyez que vous... que le robot est encore opérationnel ?

— Ma foi, le gyroscope est intact », ajouta la voix du colonel Cassabois.

Mika explora le sol à la recherche de la lampe de poche ; elle était en miettes. Pour comble de malchance, un nuage obscurcit la pâle lueur de la lune, faisant naître une nuit épaisse sur la campagne alentour.

« C'est sans importance, dit le robot. Mes caméras infrarouges n'ont pas souffert. J'y vois très bien.

— Mais moi, dit Mika, je n'y vois rien !

— Contentez-vous de me suivre. » Il se mit en mouvement dans un vacarme épouvantable. « Vous devez bien apercevoir ma silhouette, devant vous ?

— Je vous vois mal. Mais je vous entends très bien. »

Le robot marchait de guingois ; sa jambe abîmée faisait entendre un grincement rouillé suivi d'une rafale de cliquetis bizarres. Ce raffut se répercutait en écho sur les berges de la rivière ; des corbeaux réveillés en sursaut fuyaient en croassant.

« Arrêtez ! hurla Mika. Vous êtes en train d'ameuter toute la vallée ! Au lieu de me protéger, vous allez me faire repérer !

— Comme vous voudrez. »

Le robot semblait vexé : il s'immobilisa sur sa jambe valide, comme un héron au repos, et demanda de sa voix éraillée :

« Que comptez-vous faire ?

— Partir seul à la rencontre de Sophie ! Gardez vos forces pour le retour. Vous aurez assez de mal à nous guider jusqu'à la cellule ! »

Sans attendre de réponse, Mika s'élança en avant, à petites foulées, en prenant soin de lever les pieds pour éviter les aspérités du sol. Il aurait préféré emprunter la départementale qui courait le long de la rivière. Mais s'il en connaissait parfaitement le tracé, il n'était pas sûr qu'elle existât encore – et il doutait qu'elle fût praticable ; et puis en maintenant cette allure, il espérait rejoindre rapidement Sophie.

Autour de lui, le silence était oppressant et la nuit quasi totale. Seul le vent sifflait à ses oreilles ; de temps à autre, il jetait un coup d'œil du côté des berges, dont il devinait les contours noirs sur l'horizon obscur. Combien de fois avait-il accompli ce trajet, en compagnie de Sylvain et de Sophie ? Mais quand ils descendaient la Dordogne, c'était en canoë. Jamais il n'aurait imaginé qu'un jour il ferait le chemin à pied sec !

Là, progressant à l'intérieur de cette gouttière naturelle, Mika ressentit une émotion étrange. Il remontait le cours d'un fleuve tari, dont le lit révélait ses rives usées, ses ravins secrets et ses troncs abandonnés comme autant d'accidents de parcours. Oui, il avait un peu l'impression de remonter le fil du temps. D'explorer, dans ce futur improbable, un passé depuis longtemps révolu. Comme si cette rivière morte avait été Édouard lui-même.

« En principe, murmura-t-il à mi-voix, je ne devrais plus être loin de Saint-Pierre-d'Eyraud. La rivière devrait amorcer une courbe… »

Il s'arrêta. Moins pour reprendre son souffle que pour guetter un écho suspect. Aucun doute : Alain Bernard l'appelait !

« … Ka ?… ttention !… eux droïdes ! »

Il retint sa respiration, tendit l'oreille.

« Et si c'était un piège ? » murmura-t-il.

Un grincement lointain le rassura. Puis la voix reprit, un ton plus haut – comme si le niveau du haut-parleur avait été réglé au maximum :

« Je répète : deux droïdes venant de Saint-Philippe-du-Seignal se dirigent vers la Dordogne ! Je crois que c'est Sophie qu'ils ont repérée… Mika, vous m'entendez ? Attention… »

Michaël n'attendit pas qu'Alain Bernard réitère l'avertissement. Dans sa mémoire apparut, telle une carte routière, le tracé précis des lieux : si les droïdes venaient de Saint-Philippe-du-Seignal, ils rejoindraient la rivière au niveau du Fleix. C'est donc là que se trouvait Sophie, ou plutôt là que les droïdes devaient espérer faire la jonction avec elle.

« Le Fleix ? C'est à trois kilomètres ! En faisant vite, je peux y être dans vingt minutes… »

Les tempes en feu, il reprit sa course éperdue. Le danger imminent lui donnait des ailes. Il vit pointer à l'est les premières lueurs du matin.

« Bien. Si je dois affronter les droïdes, ce ne sera pas à l'aveuglette ! »

Il voulait détourner leur attention sur lui ; en leur faisant croire qu'il constituait une cible facile à atteindre, il espérait qu'ils laisseraient Sophie en paix. Le temps qu'il les mette hors d'état de nuire…

Dans un lointain brumeux, il distingua non loin de la berge un étrange bâtiment : huit ou dix énormes cylindres alignés qui, dans l'aube naissante, jetaient un éclat métallique.

« Ce sont… mais oui : les cuves de la cave vinicole du Fleix ! »

12

COMBAT CONTRE LES DROÏDES

Cette vision lui réchauffa le cœur, même s'il lui parut cocasse qu'au XXIIIe siècle ces gigantesques bonbonnes aient mieux résisté à tous les cataclysmes futurs que les châteaux ou les églises. À cet instant, il sentit naître un méchant point de côté. Conscient qu'il ne pourrait pas soutenir cette allure, il s'arrêta.

Au même moment, le sol explosa devant lui, faisant jaillir une gerbe de graviers et de boue !

Il se jeta à terre, roula sur le côté. Dans la

poussière qui se dissipait, il aperçut deux droïdes qui descendaient la berge opposée pour foncer sur lui de toute la vitesse de leurs six roues articulées. Il se releva, bondit par-dessus un énorme tronc d'arbre échoué. De nouvelles salves furent tirées au moment où il atterrissait dans l'entrelacs des branches. Les deux droïdes approchaient en cahotant sur le sol inégal ; Mika se dit qu'il leur serait difficile d'ajuster leur tir tout en progressant. Il disposait de quelques secondes... En trois bonds, il fut sur la berge !

Plusieurs jets de feu jaillirent du fond de la Dordogne, éraflèrent la rive. Mika fonça à toute vitesse vers les grands fûts de la cave coopérative. Non qu'il espérât y trouver refuge, mais du moins ne serait-il plus en terrain découvert. Il y eut plusieurs salves sèches et un bruit de gong multiplié : les coups venaient de percer les récipients vides au-dessus de lui.

L'entrée était béante ; les grands vantaux métalliques n'existaient plus ; il pénétra sans mal à l'intérieur du bâtiment qui ressemblait à une usine désaffectée. Les tapis roulants et les toboggans métalliques étaient toujours là, ainsi que les cuves destinées à la fermentation. Mais à en juger par l'état des lieux, il y avait une éternité qu'on ne faisait plus de vin ici.

Jamais l'esprit de Mika n'avait fonctionné aussi vite. À présent, il avait un léger avantage sur les droïdes : il connaissait les lieux. Combien de fois Édouard l'avait-il emmené ici ! Dès la fin du mois de septembre, le raisin, pressé, fermentait et devenait « le bourru », ce vin nouveau qui pétillait comme de la limonade !

Il s'élança vers les escaliers métalliques dont les échelons, très raides, couraient le long des cuves. Bien malin le droïde qui pourrait les escalader !

Plusieurs jets de feu jaillirent tout près de lui : ses poursuivants étaient entrés. À présent, ils ne le lâcheraient plus. La plate-forme communiquant avec l'extérieur existait-elle encore ? Oui ! Mika s'avança jusque-là... et se retrouva à l'air libre. Dans le jour qui, à l'est, se teintait de rose, il dominait toute la vallée de la Dordogne. Il scruta les alentours et murmura, déçu :

« Rien. Ou plutôt rien encore. Car le cybernaute qui m'a dans son collimateur va sûrement faire venir des renforts... »

Son regard s'arrêta sur le lit de la rivière. À

cet endroit, elle dessinait une large courbe. Ce virage avait donné son nom au village : le Fleix. Du bourg, il ne restait que des ruines. Aussi loin que le regard pouvait porter, il n'y avait pas âme qui vive. Dépité, Mika voulut revenir à l'intérieur du bâtiment, mais un feu nourri l'accueillit. Il recula, grommela :

« Bon. Je suis coincé. Qui se lassera le premier ? »

Le ronronnement d'un droïde, en contre-bas, le renseigna : les robots s'étaient séparés, et celui qui avait regagné l'extérieur allait bientôt l'avoir dans sa ligne de mire… Il était pris entre deux feux ! Mika avisa, à l'intérieur de la cave coopérative, l'un des toboggans obliques destinés à acheminer le raisin dans les cuves. Il prit son élan… et se précipita en avant !

Après un vol plané, il tomba dans la glissière, s'agrippa aux rebords et se laissa descendre. Il atterrit rudement au fond du récipient géant ; et il aperçut, au-dessus de sa tête, l'un des droïdes qui se risquait lui aussi à l'intérieur du toboggan ! Mika enjamba la cuve et vint se réfugier près de la cabine où se trouvaient les tableaux électriques. Il jeta un coup d'œil à l'intérieur du bac ; le droïde venait d'y

dégringoler dans un grand bringuebalement. Le petit véhicule gigota sur le dos, se redressa comme un insecte… et tira !

Mika étouffa un juron, baissa la tête pour éviter la salve ; il avisa la manette qui commandait le départ des broyeurs. Sans conviction, il l'abaissa. Et le miracle se produisit : dans un hoquet, la machine se mit en marche. Il y eut un bruit épouvantable de tôles malmenées, puis plus rien !

« Bon… un de moins ! »

Le feu de l'action rendait ses gestes fébriles, précipités. Il s'élança vers l'escalier qui aboutissait au magasin de vente, ouvrit la porte, la referma sur lui et la bloqua avec de vieilles palettes de bois. Il savait qu'il ne renouvellerait pas la ruse du broyeur : les robots étaient capables d'apprentissage.

Il fit irruption dans les rues du bourg et parvint très vite au port. Autrefois, c'est là qu'accostaient les gabarres qui transportaient vers l'ouest le bois des forêts corréziennes. Il hurla :

« Sophie ? »

Une salve érafla la berge non loin de lui : le second droïde était sorti de la cave et s'était lancé à sa poursuite.

Mika descendit dans la rivière dont les hautes berges le protégeraient un moment des tirs de son adversaire. Dans sa course, il aperçut la longue falaise qui lui faisait face : le Pont du Mignon, une série de hautes arches qui, depuis plusieurs siècles, soutenaient sur deux cents mètres le flanc du coteau. L'édifice était intact. Jamais le droïde ne pourrait l'escalader. S'il parvenait jusqu'ici, il serait contraint de revenir au village et de faire un long détour parmi les ruines pour rejoindre sa proie !

Mika trouva sans mal le vieil escalier que son oncle avait taillé dans la terre et consolidé par d'anciennes traverses de chemin de fer.

Quand il parvint au sommet, le droïde n'était toujours pas en vue. Mika traversa l'ancienne route qui s'appuyait sur le Pont du Mignon et entreprit de gravir le coteau en empruntant le sentier de randonnée pédestre ; il en connaissait les moindres méandres.

Tandis qu'il courait, tempes bourdonnantes, un souvenir furtif l'effleura : celui des moments qu'il passait, autrefois, rivé devant l'ordinateur, à tirer sur des cibles mouvantes et à combattre des proies virtuelles ! Maintenant qu'il se trouvait du côté de la victime, il repensait aux colères d'Édouard. Son oncle avait toujours jugé ces jeux aussi débiles que dangereux.

« Tirer, supprimer, détruire, anéantir le plus d'adversaires possible... Tu parles d'un exploit ! Quelle philosophie ! Dis-moi, Mika, tu n'as jamais imaginé qu'un jour tu pourrais te trouver *de l'autre côté de l'écran* ? Jugerais-tu alors le combat si loyal et le jeu si passionnant ? »

Il se demanda si son oncle, au moyen d'un mystérieux subterfuge, n'était pas en train de lui donner une leçon *post mortem*. Mika traversa d'anciens vignobles. Il choisit la pente la plus escarpée pour retarder l'avance de son poursuivant. Quand il aperçut, à deux ou trois cents mètres au-dessus de lui, le moulin de la Rouquette, il lui vint une idée saugrenue.

« Bah, qu'est-ce que je risque ? »

Il monta jusqu'à la vieille tour – un ancien moulin qui avait depuis longtemps perdu ses ailes et son toit. Parvenu à l'intérieur, il en barricada l'entrée, escalada la paroi intérieure et parvint au sommet de l'édifice. Là encore, c'était un exercice auquel il s'était souvent livré. Quand il se hissa sur le rebord du mur, un vent violent lui fouetta le visage.

« Sophie ! » hurla-t-il, mais le vent aussitôt happa et digéra son cri.

Aucune forme humaine n'était en vue. Par contre, Mika aperçut, louvoyant sur le sentier, le droïde qui montait vers lui.

« Bon. Eh bien approche, maintenant ! » grommela-t-il en commençant à desceller l'une des pierres du sommet du mur.

Le droïde fit d'abord le tour du moulin à distance respectueuse, comme pour étudier le terrain. Puis il s'approcha du porche.

« Parfait », murmura Mika dix mètres au-dessus de la machine.

C'est ce qu'il avait escompté. Il fit basculer l'énorme pierre dans le vide. Une seconde plus tard, elle écrasait le droïde dans un fracas de tôle broyée ! Il y eut un dernier ronronnement de protestation… puis plus rien.

« Et de deux ! » s'exclama Mika dans un cri de victoire.

Un sifflement insolite lui fit soudain rentrer la tête dans les épaules : au-dessus du moulin tournoyait un grand oiseau aux ailes blanches. Un nouvel attaquant ? Non : l'animal émit un bref cri métallique avant de planer lentement vers la vallée. Le cœur de Mika ne fit qu'un bond :

« Le grand duc ! Oui… C'est le drone qui

permettait au colonel de suivre la progression de Sophie ! »

L'oiseau esquissa un virage sur l'aile au-dessus de la tour avant de reprendre sa lente descente du côté de la Dordogne. Mika comprit que Cassabois lui indiquait la direction à suivre au moyen de son drone. Il rejoignit le niveau du sol, escalada les éboulis de l'entrée et vérifia que le droïde était bien hors d'état de nuire. Puis il s'élança sur le sentier qui serpentait vers la rivière sans perdre l'oiseau de vue.

Au moment où il allait rejoindre et traverser la route, une voix familière stoppa d'un coup son élan :

« Mika ! »

Quelqu'un se dégagea d'un fourré et s'avança vers lui.

C'était Sophie.

13

RETROUVAILLES

Elle semblait épuisée. Ses vêtements étaient en lambeaux et son visage hachuré de griffures. Elle esquissa un pauvre sourire et s'avança vers Michaël en lui ouvrant ses bras.

« Enfin !... Je ne t'espérais plus. »

Le premier mouvement de Mika fut de se précipiter vers elle. Mais au moment où ils allaient s'étreindre, il s'écarta brusquement, saisit le couteau de Gus qui n'avait pas quitté sa poche, et il le brandit, menaçant.

La stupéfaction figea Sophie sur place.

« Mika ! Mais... qu'est-ce qui te prend ?

— Pas un geste ! Je te conseille de te laisser faire sans broncher. »

Il s'approcha, lui saisit le bras et entailla légèrement son poignet. Le sang perla aussitôt. Sophie hurla de douleur et retira sa main, scandalisée :

« Mais tu es fou ! Ça va pas, la tête ?

— Sophie... C'est bien toi ! Pardonne-moi... attends, je vais t'expliquer ! »

C'était elle qui reculait, maintenant. Alors Mika, d'une traite, lui raconta tout ce qui lui était arrivé : sa sortie par le puits de la maison d'Édouard, la mort de Gus dupé par une fausse Millie, ses retrouvailles avec Cassabois et Alain Bernard dans le cybermonde souterrain... son expédition en surface et les règles de ce Grand Jeu en Réalité Non Virtuelle dont ils étaient devenus des pions malgré eux.

« Pour les cybernautes qui nous traquent à distance, toutes les ruses sont bonnes, Sophie ! Voilà pourquoi je voulais vérifier...

— Il y avait des moyens moins violents », dit-elle en se rapprochant de lui.

Ils se jetèrent enfin dans les bras l'un de l'autre. Il lui prit le visage à deux mains, la regarda droit dans les yeux, l'embrassa sans ciller. Alors il fut certain que c'était bien Sophie. À présent, elle sanglotait et il dut la rassurer, la consoler, la cajoler doucement.

« J'ai cru que nous ne nous retrouverions jamais ! murmura-t-elle. Quand j'ai compris que nous étions à nouveau séparés, je me suis juré de ne plus te lâcher si nous avions la chance de nous retrouver. »

Leurs doigts se nouèrent et Mika se sentit plus fort. Même s'il leur restait à retrouver leur monde d'origine, il avait l'impression d'avoir accompli la moitié du chemin.

« Et Sylvain ? demanda-t-elle.

— Introuvable, répondit-il en baissant la tête. Et toi, Sophie, que t'est-il arrivé ? Explique-moi...

— Je suis sortie d'un égout qui donnait sur la Dordogne. C'était hier soir et la nuit tombait. Oh, je me suis repérée sans difficulté : j'étais à Sainte-Foy-la-Grande. Très vite, j'ai compris que je me trouvais dans le futur. La ville n'existait plus. J'ai longtemps erré dans ses ruines, à ta recherche. Et je me suis dit que le seul endroit où tu avais pu te rendre, c'était la maison d'Édouard. Ou ce qu'il en restait. Alors je me suis mise en route. La nuit tombant, j'ai préféré me mettre à l'abri. Je me suis remise en marche avant l'aube. Tandis que je cheminais dans le lit de la rivière, j'ai aperçu ce drôle d'oiseau qui semblait me surveiller… »

Elle désigna le drone. L'oiseau artificiel effectuait au-dessus d'eux des cercles de plus en plus serrés, il lançait des cris rapprochés.

« C'est le colonel qui le pilote, dit Mika. On dirait qu'il n'a pas l'air content.

— D'abord, j'ai cru qu'il me voulait du mal. Puis je me suis aperçue qu'il me guidait. Maintenant, j'interprète assez bien les messages qu'il essaie de transmettre. Ici, son manège signifie qu'un danger nous menace.

— Un danger ? Oui. C'est normal, murmura Mika soudain préoccupé. Les droïdes des cybernautes vont bientôt nous tomber dessus… »

Il se souvenait de ce que Gus lui avait dit : deux cibles se repèrent plus facilement qu'une seule. Et maintenant qu'il avait inscrit deux droïdes à son palmarès, Sophie et lui constituaient un nombre de points attrayant. Le drone s'élança au-dessus de la Dordogne, comme s'il invitait les fuyards à rejoindre Gardonne. Soudain, un second oiseau apparut au-dessus de lui. Avec sa large envergure et son bec crochu, il ressemblait à un aigle. Il fonça en piqué sur l'oiseau de nuit qui l'évita de justesse.

« Mais… que font-ils ? demanda Sophie.

— Ils se battent. Les cybernautes ont dû deviner que le grand duc était notre allié, et ils cherchent à le supprimer. Vite, profitons-en pour filer ! »

Tandis que les deux drones se livraient dans les airs à un véritable combat aérien, Mika obligea Sophie à se lever et à le suivre.

« Mais où veux-tu aller ?

— Un robot allié nous attend à Gardonne. Si nous parvenons jusque-là, nous devrions pouvoir emprunter une issue clandestine et rejoindre Cassabois et Alain Bernard dans les sous-sols. »

Elle semblait étonnée, indécise, et demanda :

« Tu crois que Sylvain se trouve dans les sous-sols ? »

Agacé, il l'entraîna sur la route sans lui lâcher la main.

« Non. Mais au moins, nous serons en sécurité dans le cybermonde souterrain. Là, nous pourrons entreprendre des recherches sur le réseau. »

Soudain, un cri de détresse déchira le ciel : là haut, le grand duc, touché à mort, perdait de l'altitude. Il tomba comme une pierre et s'abattit sur la berge, où il battit pitoyablement des ailes comme un jouet détraqué.

« Eh bien, grommela Mika, je ne féliciterai pas Cassabois pour ses qualités de pilotage… »

Au-dessus d'eux, l'aigle reprit de l'altitude ; il se mit à planer sans quitter de son œil jaune ses futures victimes.

« Nous sommes repérés. Et Gardonne est à cinq ou six kilomètres. Je crains que nous n'y parvenions pas sans faire de mauvaises rencontres. »

Ils s'élancèrent à petites foulées vers l'ancienne départementale, la traversèrent pour gagner le sous-bois. Les futaies les protégeraient d'une agression surprise. Dépité par cette manœuvre, l'oiseau reprit de l'altitude en émettant un cri rageur.

À présent, ils longeaient la route en se servant de l'abri des ramures mortes. Mika songea qu'ils n'iraient pas très loin : d'ici à Gardonne les attendaient de vastes étendues à découvert. L'aigle fondrait alors sur eux comme sur un rat au milieu d'un champ. Soudain, il pila sur place.

« Regarde, Sophie… Là : à l'entrée du Fleix !

— Eh bien ? C'est une voiture. »

Sagement garée sur le bas-côté, une 2 CV stationnait. Comparé aux ruines des premières maisons du village, le véhicule semblait presque neuf. Incrédule, Mika ne pouvait en détacher ses yeux. Enfin, il murmura : « Ce n'est pas n'importe quelle voiture, Sophie. C'est la 2 CV d'Édouard. »

14

LA 2 CV D'ÉDOUARD

Comme l'aigle tournoyait à haute altitude, ils s'approchèrent de la voiture. Elle était vide.

« C'est bien elle », murmura Mika de plus en plus stupéfait.

Le numéro d'immatriculation était bien celui de la 2 CV d'Édouard. Mika reconnut même, sur l'aile arrière gauche, la vieille bosse que son oncle n'avait jamais jugé utile de faire rectifier. Les portières n'étaient pas fermées à clé. Mika alla s'asseoir sur le siège du conducteur ; il grinça sous ses reins avec un couinement familier. Sophie vint s'installer à côté de lui et murmura :

« Au moins, nous sommes hors d'atteinte de cet oiseau qui nous pourchasse.

— C'est tout de même stupéfiant, tu ne trouves pas ? »

Elle approuva en soupirant, comme si la découverte de ce véhicule ne leur livrait qu'un mystère supplémentaire.

« Rends-toi compte ! reprit Mika en caressant de la main le vieux volant de Bakélite. Nous sommes en 2222... et cette voiture semble intacte ! »

Quand Édouard l'avait achetée, elle comptait déjà plus de trente ans. Le véhicule était devenu un fétiche, un objet de musée que l'oncle utilisait pour ses emplettes ou ses parties de pêche. Mais aux yeux de Mika, cette 2 CV symbolisait son enfance : en été, Édouard et lui partaient souvent en excursion avec cette voiture. Il avait fini par s'y attacher comme à un animal familier.

« Mika ? Que se passe-t-il ? Il ne faut pas te mettre dans un état pareil ! »

Sophie l'entoura affectueusement de ses bras, et il s'aperçut alors qu'il pleurait. La découverte de ce véhicule avait fait remonter une foule de souvenirs – et une cohorte de regrets… Michaël n'avait que dix ans quand ses parents avaient péri dans un accident. Par la suite, son oncle avait représenté sa seule famille. En grandissant, Mika avait un peu négligé Édouard : il n'écoutait pas toujours ses conseils, ne lisait presque plus ses romans ; durant ces dernières années, il n'avait suivi que de très loin les recherches en biologie et en informatique de ce savant excentrique et solitaire. Maintenant qu'Édouard avait disparu, Mika mesurait avec effroi le gouffre d'une telle perte. Il se souvenait de leur complicité ébauchée, il déplorait les occasions manquées, il regrettait ces heures passées avec lui, qu'il n'avait pas su apprécier à leur juste valeur. Désormais, il n'avait plus personne chez qui se réfugier, plus personne auprès de qui chercher un avis, une consolation, un conseil. Il murmura à travers ses larmes :

« Tu es parti trop tôt, Édouard. Trop tôt et aussi trop vite. »

Il était convaincu que la découverte de cette 2 CV était de la part de son oncle un signe, un encouragement. Presque un clin d'œil.

« C'est vrai, répondit Sophie comme pour

elle-même. Mais Édouard est mort, Mika. Mon frère, lui, est vivant. Il a besoin de nous. Il nous attend. »

Soudain, une explosion toute proche fit jaillir une volée de terre et de cailloux. Dans le rétroviseur, Mika aperçut un droïde à six roues. Par chance, celui qui le pilotait visait mal. Avec le recul du tir, l'engin était tombé dans le fossé d'où il avait le plus grand mal à s'extirper ! Sophie, elle, n'avait pas vu le droïde. Recroquevillée d'instinct au moment de l'impact, elle avait levé les yeux.

« Ce sont des avions, Mika ! hurla-t-elle. Non… des oiseaux ! »

Par le pare-brise avant, ils virent affluer dans le ciel une véritable escadrille de volatiles aux ailes d'acier. Les premiers drones, qui attaquaient en piqué, étaient à leur tour assaillis en plein vol par l'arrivée d'un nouvel essaim en formation serrée. Aussitôt, Mika comprit :

« Plusieurs cybernautes nous ont repérés. Ils se disputent l'honneur de nous abattre. Le droïde qui nous a pris en chasse ne doit pas être le seul à rôder… C'est le moment de filer ! »

Comme Sophie s'apprêtait à sortir de la

2 CV, Mika la retint. « Attends : j'aimerais vérifier quelque chose. »

Il se souvenait que les broyeurs de la coopérative, contre toute attente, avaient fonctionné. Alors, il appuya à fond sur l'accélérateur et tira sur le démarreur. Le moteur fit entendre un long grognement contrarié… puis il se mit à tourner ! Merci, Édouard !

« Accroche-toi, Sophie ! Finalement, nous n'irons pas à Gardonne à pied ! »

Le véhicule s'engagea sur la chaussée au moment où une nouvelle salve du droïde déchiquetait le bas-côté. Mika passa la seconde et traversa le village du Fleix en évitant les tirs qui leur étaient destinés. Sur le siège du passager, Sophie était secouée comme dans un manège de foire. Elle protestait en s'accrochant au tableau de bord.

« Désolé, fit Mika en se concentrant sur la route. Je louvoie, c'est plus prudent. Et la chaussée est tellement défoncée… »

Une fois passés les bâtiments de la coopérative, l'état de la route s'améliora un peu. Du coup, ils prirent une avance sur le droïde qui les poursuivait. Sophie se pencha pour observer le ciel.

« Incroyable… Les drones se livrent un combat aérien !

— Nous n'avons que quelques kilomètres à parcourir mais avec les droïdes qui rôdent, ils risquent d'être animés ! Oh… je connais un raccourci. »

Grâce à un chemin de terre qui passait à travers champs, la 2 CV parvint en quelques minutes dans les faubourgs de La Force, au sommet d'un coteau qui dominait la Dordogne. Mika s'arrêta, moteur au ralenti.

« Tu vois l'ancien pont de Gardonne, Sophie ? C'est là où nous allons. Notre droïde nous attend près de l'église.

— Mais… comment comptes-tu franchir la Dordogne ? Le pont est détruit !

— Essayons déjà d'arriver jusque-là. »

Il leva la tête vers les drones qui sillonnaient le ciel, vérifia qu'aucun droïde ne se pointait alentour et ajouta en se calant sur son siège :

« Accroche-toi, Sophie : nous allons les prendre par surprise ! »

Il enclencha la première et appuya sur l'accélérateur à fond. La voiture démarra, et prit de la vitesse dès que Mika eut passé la troisième. À présent, la 2 CV dévalait la route à plus de cent à l'heure.

« Elle a encore des réserves, non ? fit Mika, grisé par l'élan. Surtout dans les descentes !

— Mika… Attention ! »

Cent mètres devant eux, cinq ou six droïdes stationnaient en rangs serrés au milieu de la chaussée. Au moment où ils tiraient une salve tous en même temps, Mika fit exécuter un virage spectaculaire à la 2 CV qui les contourna, non sans en bousculer assez rudement deux ou trois au passage. Bientôt, il parvint au niveau du pont ; il n'en restait plus que les trois arches centrales et quelques morceaux de chaussée.

Il arrêta la 2 CV. Au moment où il en sortait, une salve venue de la Dordogne l'obligea à se réfugier à l'intérieur du véhicule.

« Les cybernautes ont compris ta manœuvre ! » lui dit Sophie en désignant le lit de la rivière.

Là, des droïdes les attendaient, leur bloquant l'accès à l'autre rive. Ils ne passeraient pas ! Comment échapper à la troupe des ennemis qui, derrière eux, venait déjà à la rescousse ? Fébrile, affolé, Mika essayait de réfléchir.

« Nous devons parvenir à tout prix sur la berge opposée ! conclut-il. Tu n'étais pas mauvaise au triple saut, Sophie, n'est-ce pas ?

— Comment ? Que veux-tu dire ?

— Écoute : nous allons quitter la 2 CV, courir et passer sur le pont.

— Tu es fou ? Tu vois bien que la route est coupée ! Il nous faudrait franchir plusieurs mètres de vide à trois... non, à quatre reprises !

— C'est une question d'élan, Sophie ! ajouta-t-il en lui saisissant la main car il devinait que l'affolement la gagnait. Nous n'avons pas le choix... Vite ! »

Sans attendre les protestations de son amie, Mika desserra le frein à main, attendit que la voiture ait pris un peu de vitesse. Puis il ouvrit la portière, sauta en marche et s'élança en direction du pont. Il entendit derrière lui Sophie qui l'imitait. Tandis qu'ils couraient sur la chaussée, quelques salves crépitèrent non loin d'eux ; la plupart étaient destinées à la 2 CV que les droïdes, dupés, avaient pris pour cible.

Au moment où Mika aperçut le vide face à lui, il comprit qu'il avait présumé de ses forces : la pile qui lui faisait face était à deux ou trois mètres, et même avec de l'élan…

Il sauta ! Et il atterrit sur la première pile. Il lui fallut reprendre de la vitesse, éviter les pierres qui jonchaient la chaussée détruite. Le deuxième saut fut plus facile à effectuer que le premier, la distance à franchir étant plus courte. La fois suivante, il risqua même un coup d'œil en contrebas : là, postés dans le lit de la rivière, les droïdes semblaient désemparés. Face à ces deux humains qui se déplaçaient trop rapidement pour qu'on pût les ajuster, leurs tourelles se déplaçaient sans savoir quelle cible viser.

Le dernier saut que Mika effectua fut le plus court mais le plus pénible, car il était épuisé. Il se raccrocha de justesse à ce qui restait de la chaussée au moment où Sophie le rejoignait. Tous deux escaladèrent la berge à la hâte ; les tirs des droïdes avaient repris.

« C'est gagné ! haleta Mika en entraînant son amie par la main. Nous sommes à Gardonne… et provisoirement à l'abri ! »

Il se doutait que si cette berge avait été négligée jusqu'ici par les cybernautes, leurs forces n'allaient pas tarder à s'y rassembler.

« Monsieur Bernard ! » hurla Mika.

Ils passèrent en courant près de la maison d'Édouard et arrivèrent près des ruines de l'église. Là, Sophie s'effondra, à bout de souffle. Mika répéta, de toute la force de ses poumons :

« Alain Bernard ! Colonel Cassabois ! »

Aucun robot n'était en vue. Dans le silence revenu, ils reprirent haleine. Parmi les ruines du village, on n'entendait que le murmure acéré du vent et le bourdonnement grandissant des droïdes qui se rapprochaient.

« Bon sang, mais où est-il passé ? » gronda Mika d'une voix sourde.

Dans quelques secondes, ils seraient découverts.

« Mika… qu'est-ce que c'est ? »

En grimaçant d'horreur, Sophie désignait le corps d'un homme affalé à terre et, tout près, un bras arraché sur un éboulis.

« C'est le cadavre de ce pauvre Gus et le bras de la fausse Millie. Au fait… »

Mika s'approcha du robot enseveli et lui reprit le fusil. Il examina la jauge pour vérifier que l'arme possédait encore des réserves.

« Nous n'avons pas de temps à perdre… Viens ! »

Il saisit la main de Sophie et l'entraîna vers les ruines de l'église. Là, il eut vite fait de repérer l'orifice par lequel le faux Alain Bernard était sorti. Il fit passer Sophie la première et prit soin, une fois parvenu dans l'escalier de la crypte, de combler l'ouverture du mieux qu'il put. Les droïdes finiraient-ils par repérer cette issue et s'y engager pour les poursuivre ? Mika ne prit même pas le temps de réfléchir à ce problème : il se mit à courir dans le couloir dont il reconnut les canalisations et les fils.

« Nous sommes dans une gaine de service. Nous avons trois carrefours à franchir... »

Malgré la panique qui, dans ces sous-sols inquiétants, avait recommencé de le tenailler, Mika tentait de rassembler ses souvenirs... Cette termitière était un labyrinthe. Sans l'aide du robot, comment retrouver la cellule où nichaient Cassabois et Alain Bernard ?

Une première bifurcation apparut.

« C'est à gauche, j'en suis sûr ! Oui... voilà le premier carrefour. »

Ils s'immobilisèrent. Mika était incapable de savoir laquelle des cinq issues emprunter. Soudain, Sophie lui désigna, à l'extrémité de deux couloirs, les phares de plusieurs engins qui approchaient. Une voix tonna dans le lointain, et fut aussitôt relayée par des dizaines de haut-parleurs :

« Arrêtez-vous immédiatement ! Ceci est un contrôle d'identification. »

Mika s'élança au hasard dans l'un des conduits, expliqua brièvement :

« L'accès aux gaines est interdit. Si nous sommes pris… »

Il pila sur place : dans le couloir où ils s'étaient engagés avançait à leur rencontre un petit robot de service à chenilles.

« Arrêtez-vous immédiatement ! » répéta la même voix dans les haut-parleurs.

Le robot s'immobilisa ; sa caméra se pointa vers les fuyards et un signal d'alarme sonore emplit tout l'espace. Mika épaula son arme et tira. Le droïde fut littéralement volatilisé. Mais l'alarme, têtue, continuait de hurler dans les couloirs.

« La voie est libre ! »

Ils parvinrent à un second carrefour, beaucoup plus vaste et complexe que le premier.

« Bon… c'était à prévoir : nous sommes égarés. »

De toutes les issues qui aboutissaient à cet embranchement apparaissaient maintenant, dans le lointain, les silhouettes de policiers-robots et les phares des droïdes de service ou de surveillance.

« Je crains bien que nous ne soyons cernés. »

Mika avisa un couloir sombre qui ne semblait pas encore occupé par les forces de l'ordre. Il s'y précipita et s'arrêta presque aussitôt, hors d'haleine, pour serrer Sophie contre lui. Il aurait dû se douter qu'en se risquant dans le cybermonde après la poursuite dont ils avaient été l'objet en surface, leur présence serait aussitôt repérée par les autorités.

« Mika… que va-t-il se passer ?

— Je l'ignore. Je crains que notre périple ne s'achève ici… »

À une dizaine de mètres devant eux, une cloison pivota en grinçant.

Dans l'obscurité, une voix féminine chuchota, impérieuse :

« Sophie ? Michaël ? Venez par ici ! »

Ils restèrent figés par la surprise.

« Cette voix ! murmura Sophie. Est-ce que ?…

— Oui, c'est moi. Vite, approchez, entrez ! »

Ils s'engouffrèrent dans l'ouverture providentielle qui se referma aussitôt sur eux. Alors la lumière se fit.

Ils se trouvaient dans une cellule de cybernaute. La femme qui l'occupait leur saisit la main et leur adressa un sourire un peu crispé.

C'était Ève Colombe.

15

UN RENFORT VENU D'AILLEURS

« Vous, ici ? » s'exclama Sophie.

Mika se souvint que, dans les univers du Multimonde, certains personnages issus du monde réel semblaient perdre la mémoire de leur ancienne personnalité. Pris d'un doute, il ajouta prudemment :

« Madame… savez-vous qui vous êtes ?

— Oh oui ! répondit-elle en accentuant son sourire : je suis Ève Colombe, le ministre de la Défense.

— Mais comment avez-vous fait pour ?…

— C'est assez difficile à expliquer. »

Elle avait aux lèvres une expression sereine et énigmatique. Elle invita ses hôtes à s'asseoir dans un angle de sa cellule et leur tendit deux plateaux-repas qui semblaient avoir été commandés tout exprès pour eux.

« Votre aide providentielle mérite pourtant une explication, grommela Sophie. Vous nous avez habitués à moins d'égards !

— C'est que, répondit Ève Colombe, nous ne sommes plus dans la même histoire. Dans *Les lagunes du temps*, où j'étais entrée malgré moi, j'avais un rôle à tenir. Mais ici, je ne joue pas. Initialement, ma présence n'était pas... *prévue* dans cet univers.

— Vous voulez dire que...

— Je ne devrais pas être ici. Mon intervention est volontaire mais anormale.

— Vous n'êtes tout de même pas ici par hasard ! protesta Mika. Et puis je croyais que vous deviez retourner à Paris ?

— C'est exact. Mais quand j'ai appris que de nouveaux explorateurs s'étaient risqués à l'intérieur de la *chose*, je suis venue aussitôt au village, dans la maison de votre oncle Édouard. Là... »

Elle hésitait, comme si elle craignait d'en avoir trop dit.

« Enfin, expliquez-nous ! tonna Mika qui se retenait pour ne pas exploser.

— Là, Daniel m'a expliqué que le colonel Cassabois, le journaliste Alain Bernard et vous-mêmes étiez dans le Multimonde appelé *Cyberpark*.

— Comment ? *Daniel Collobert sait où nous nous trouvons ?* »

Ève Colombe s'interrompit. On eût dit qu'elle guettait la réaction d'un interlocuteur invisible. Comme rien ne se produisait, elle parut rassurée :

« Oui, avoua-t-elle. Mais les événements ne se déroulent pas exactement comme prévu. Daniel redoutait que vous vous égariez dans une mauvaise branche du scénario. Ou que vous soyez victimes d'un accident, surtout avec Cassabois à l'intérieur du programme. Je lui ai proposé de venir vous donner un petit coup de main. Pour vous permettre de conclure cette partie et de retrouver le monde réel. Je vous devais bien ça, non ? »

L'esprit embrouillé, Mika tentait de décrypter certaines formules énigmatiques : *nous ne sommes plus dans la même histoire... les événements ne se déroulent pas comme prévu... une mauvaise branche du scénario... conclure cette partie.* Il murmura d'une voix blanche :

« Nous sommes *à l'intérieur* d'un roman écrit par mon oncle ? C'est bien ça, n'est-ce pas ?

— C'est un peu plus complexe, Michaël, répondit Eve Colombe qui semblait peser ses mots. Vous vous trouvez à l'intérieur de la *chose.* Mais en même temps, vous évoluez dans un environnement reconstitué.

— Un univers virtuel !

— Exactement : *un environnement artificiel interactif que votre oncle Édouard a créé à partir de certains des romans qu'il a écrits.* Époques, décors et personnages principaux restent fidèles à ses récits. Seulement voilà : tandis que les textes publiés d'Édouard Nigerre suivent évidemment un parcours obligé, les incursions dans le Multimonde de votre oncle, selon le comportement des joueurs, entraînent de multiples variantes. Je... je ne sais pas si j'avais le droit de vous révéler ces données !

— "Le droit" ? Mais pourquoi n'en auriez-vous pas le droit ? Et d'abord, comment pouvez-vous savoir tout cela ? » Au fur et à mesure qu'il posait ses questions, Mika en formulait lui-même les réponses : « C'est Daniel Collobert qui vous a tout expliqué ! Daniel Collobert qui… qui connaît donc l'univers de *Cyberpark* ! Comment ? »

À présent, tout ce que Mika et ses amis avaient vécu défilait en accéléré dans sa mémoire. Les révélations d'Ève Colombe éclairaient les événements d'un jour nouveau. Il réfléchit, pâlit et s'exclama :

« Bon sang, Daniel Collobert a aussi lu ce roman… Puis il a retrouvé dans les fichiers de mon oncle l'univers virtuel qui y correspond ! Et… en ce moment même, *Collobert est branché sur l'ordinateur d'Édouard*, n'est-ce pas ? Il nous voit, il nous suit, il nous observe ? »

Eve Colombe baissa la tête et approuva.

« Hélas, ajouta-t-elle, il ne peut pas intervenir ! Ou plutôt, il ne sait pas très bien comment s'y prendre. Pour modifier le cours des événements, il faut se trouver à l'intérieur de la *chose*. Voilà pourquoi je m'y suis risquée à mon tour, en suivant ses instructions pour pouvoir vous retrouver. »

Mika hocha la tête. Il considérait d'un œil neuf ce qui les entourait.

« C'est ahurissant ! s'exclama-t-il en se palpant le corps. Car enfin, j'existe, non ? Cette cellule, ces écrans, ce cybermonde semblent bien réels ! Et vous êtes là, madame Colombe, n'est-ce pas ?

— Oui. Mais nous évoluons à l'intérieur de la *chose*, confirma le ministre de la Défense. Nous ignorons encore de quelle façon. Pire : nous n'avons aucun moyen de savoir si ce qui nous arrive ici a une incidence sur la réalité. Daniel affirme que l'impact psychologique de ces voyages est indiscutable – comme peut nous influencer un rêve, ou nous effrayer un cauchemar. Les jeux virtuels ne sont pas si inoffensifs, Michaël ! Les protagonistes font des mouvements bien réels. Quand le gendarme Sautereau est revenu de *La Musicienne de l'Aube*, n'oubliez pas qu'il était blessé au bras, exactement à l'endroit où l'avait touché le trait d'une arbalète. Aussi, dans l'hypothèse où vous seriez mortellement blessé dans le Multimonde, nous ignorons les conséquences que cela pourrait avoir dans la réalité. De toute façon, en cas d'accident, pour savoir si vous êtes encore vivant, il faudrait venir récupérer votre corps à l'intérieur de la *chose*, ce qui ne serait pas une mince affaire. »

Ève Colombe s'interrompit. Et Mika pensa que, en les rejoignant dans le *Cyberpark*, elle avait pris de vrais risques.

« Madame Colombe, murmura-t-il, je crois que je ne vous ai pas remerciée : vous nous avez peut-être sauvé la vie !

— Je suivais votre progression souterraine grâce aux écrans de ma cellule. Je n'étais venue que pour vous faire comprendre... »

À nouveau, elle semblait hésiter. Comme Mika et Sophie attendaient la suite, elle ajouta, presque irritée :

« Voyons, Michaël, vous avez un moyen bien simple de vous en tirer ! Et je suis très ennuyée de... de devoir intervenir et de créer, en quelque sorte, un chapitre supplémentaire à cette histoire. Car selon Daniel, l'intrusion brutale d'un élément extérieur au scénario initial peut avoir de graves conséquences... »

Comme Mika écarquillait les yeux, elle poursuivit :

« N'oubliez pas que le roman *Cyberpark* existe ! À la fin de ce récit, les héros s'en tirent parfaitement ! Votre oncle, vous le savez bien, achevait toujours ses romans sur des *happy ends* : Daniel m'a dit que les héros finissent par découvrir le Maître des cybernautes et annihiler ce futur de cauchemar ! Vous disposez donc d'un moyen idéal pour découvrir son repaire et revenir dans la réalité, Michaël : il vous suffit de respecter le déroulement du récit !

— Sans doute, répondit Mika d'une voix sourde. L'ennui, voyez-vous, c'est que je n'ai pas lu ce roman.

— Moi non plus, répondit Ève Colombe sur un ton pincé ; mais le héros doit y être beaucoup plus futé et perspicace que vous, jeune homme ! »

Piqué au vif, Mika essaya de réfléchir à la vitesse de l'éclair. Mais Sophie, plus rapide, le devança et murmura :

« Alain Bernard.

— Bon sang ! s'exclama Mika, tu as raison ! »

Il se reprocha de n'y avoir pas pensé plus tôt : bien sûr, le journaliste avait fait la critique de tous les romans d'Édouard. *Il avait donc lu Cyberpark.* Et lui savait parfaitement comment finissait cette histoire…

16

UNE COLOMBE ET UN GÉNÉRAL *ON LINE*

« Il faut entrer en contact avec lui ! dit Sophie. Mais de quelle façon ?

— C'est simple », répondit Mika en désignant le mur garni d'écrans.

Il alla s'asseoir face à l'ordinateur et examina le clavier, perplexe.

« Joindre Alain Bernard, soit ! Utilise-t-il le réseau ? Et sous quel pseudo ?

— Aucun, dit Sophie, puisqu'il ne possède aucune existence légale. Tu m'as bien dit qu'on l'a pris pour un robot quand il est entré ici ? Et qu'il se trouve dans la même cellule que Cassabois ?

— Exact. Quel est le pseudonyme du colonel ? Ah oui ! C'est... Général ! »

Fébrile, il entreprit de se brancher sur le réseau.

« Attention à ce que tu vas dire ! avertit Sophie. N'oublie pas que les autorités ont accès à toutes les conversations. Si tu livres des informations qui révèlent trop clairement notre identité, nous serons aussitôt repérés ! »

En voulant accéder à la BAL[1] de Général, Mika s'aperçut que le pseudo sous lequel il rédigeait ses propres messages était Tourterelle.

« Oui, je sais, grommela derrière lui Ève Colombe. Ridicule, n'est-ce pas ?

— Au contraire. Cassabois comprendra mieux qui se cache là-derrière. Allons-y !... Tiens, il est branché. Où se trouve-t-il ? Voyons... Ah, dans un forum. Eh bien, allons le rejoindre ! »

Malgré les deux cents années d'écart, les procédures d'accès au réseau n'avaient pas changé. Mika afficha la phrase :

---

1. BAL : boîte aux lettres informatique.

Tourterelle : *Je suis à la recherche d'un colonel ou d'un journaliste. Merci de me rejoindre dans le salon Tourterelle !*

Dix secondes plus tard, le Général disparaissait du forum pour venir se brancher dans le salon particulier que Mika venait de créer.

« Eh bien, apprécia Sophie, Cassabois a vite décodé ton message ! »

Général : *Ève ? Est-ce vous ?*

Tourterelle : *Presque. Disons que deux oiseaux échappés viennent d'entrer dans ma cage. Et c'est l'un d'eux qui est aux commandes.*

Un silence. Cassabois dut enfin comprendre, car le dialogue reprit :

Général : *Formidable ! J'avoue que nous... que j'étais très inquiet. J'avais perdu le contact et je craignais le pire.*

Tourterelle : *Colonel ? Pardonnez-moi de vous rétrograder... mais j'aimerais m'adresser au journaliste...*

Général : *Quel message souhaitez-vous que je lui transmette ?*

Penchée sur l'épaule de Mika, Sophie bougonna :

« Cassabois ne lui laissera pas la parole... Il va filtrer la conversation ! »

Tourterelle : *Il faut que cette histoire s'achève, colonel ! Tous les oiseaux doivent rentrer au nid. Y compris Tourterelle et vous-même !*

Général : *Ce n'est plus qu'une question d'heures. Laissez-moi abattre des cibles et conforter mon avance ! Bientôt, je deviendrai le Maître.*

Tourterelle : *Colonel ? Cette solution violente n'est sûrement pas la bonne ! La clé, le journaliste la possède. Nous le savons, il connaît toute l'histoire. Lui seul sait comment elle va finir ! Pouvez-vous entrer en contact avec lui de façon à ce qu'il... nous raconte la fin du récit ?*

Sur l'écran, plus aucun message ne s'affichait.

« C'est bien ce que je craignais ! dit Sophie. Cassabois empêche Alain Bernard de communiquer avec nous. »

Enfin, le contact fut repris :

Général : *Dans cette histoire, nous n'avons*

pas besoin de journaliste ! Faites-moi confiance pour conclure tout seul.

« L'entêté ! lança Mika en colère. Il fait semblant d'ignorer que toute la police du cybermonde est à nos trousses.

— Oui, ajouta Sophie en soupirant. Et comme cette cellule est toute proche de l'endroit où nous avons semé nos poursuivants, nous allons être vite repérés… »

Tourterelle : *Non ! C'est une question de vie ou de mort, colonel ! Laissez le journaliste s'exprimer, par pitié !*

À nouveau, le silence s'installa. Face à l'écran, Mika et Sophie attendaient, fébriles. Enfin, un étrange message s'afficha :

Général : *Ici A.B. La clé, c'est Bridoire ! Rendez-vo*

La phrase était inachevée, comme si le manipulateur du clavier avait été brutalement interrompu.

« Bridoire ? dit Sophie. Mais qui est Bridoire ? »

À cet instant, le nom de Général s'effaça de l'écran.

« Il s'est déconnecté ! jeta Mika qui réfrénait difficilement sa colère. Il a dû maîtriser Alain Bernard qui cherchait à nous renseigner !

— Oui, ajouta Sophie. C'est une véritable déclaration de guerre ! Madame Colombe, qu'en pensez-vous ? »

Comme le ministre ne répondait pas, ils se retournèrent – et laissèrent échapper une exclamation de surprise : ils étaient seuls dans la cellule !

« Eh bien, fit Sophie en hochant la tête, il faut se rendre à l'évidence : la Colombe s'est envolée... »

17

LE REPAIRE DU MAÎTRE

« Mais comment ? fit Mika en fouillant des yeux toute la pièce. Comment a-t-elle pu nous fausser compagnie ? »

Sophie désigna la porte qui donnait accès à la gaine de service.

« Bah ! Elle se sera éclipsée pendant que nous étions sur le réseau. De toute façon, si j'ai bien compris ses explications, elle ne pouvait pas nous faire quitter *Cyberpark*. Nous devons continuer le scénario imaginé par ton oncle. Dommage qu'il n'ait pas prévu d'issue de secours. Tiens, qu'est-ce que c'est ? »

Elle ramassa, près de la porte, deux étranges tissus brillants qu'elle déplia. C'étaient des combinaisons de survie. Elle demanda :

« Tu crois que c'est Ève Colombe qui nous a laissé ces vêtements ? »

Mika ne répondit pas. Les yeux perdus dans le vague, il réfléchissait :

« Ainsi, le Maître des cybernautes se trouverait à Bridoire...

— Ah oui ! Bridoire... De quoi s'agit-il ?

— Comment, Sophie ? Tu ne te souviens pas de Bridoire ? Regarde. »

Mika revint vers l'ordinateur. Il eut vite fait d'établir la jonction avec l'extérieur. L'écran montra le paysage désolé de la surface.

« Voyons... le sud de Bergerac, la route de Marmande. Ah, voilà Monbazillac, ou plutôt ses ruines. »

Mika déplaça la souris. Bientôt, une forêt touffue s'afficha sur l'écran. Là, les arbres avaient moins souffert, ils avaient conservé leurs feuilles. Et au milieu d'un véritable écrin de verdure apparut, miraculeusement préservé, fièrement dressé sur le flanc d'un coteau, un château somptueux dont les tourelles et les poivrières défiaient le ciel.

« Le château de Bridoire, murmura Mika. Tu te souviens, Sophie ?

— Oui ! Nous l'avons souvent exploré en cachette quand nous étions enfants. Mais à l'époque, il était en piteux état. »

Vendu par correspondance, le château n'avait jamais été visité ni entretenu par son propriétaire. Il s'était détérioré et avait été la victime de pillages systématiques. Une association s'était constituée, qui s'était donné pour mission de préserver le site, association dont Édouard avait été un membre actif. Mais rien n'avait pu empêcher les vandales de détériorer les lieux. Bien que l'accès au domaine fût interdit, Mika et les jumeaux y pénétraient souvent. Ils exploraient les souterrains, la chapelle et les innombrables pièces dont il ne restait plus rien : ni plancher, ni cheminée, ni porte… La bâtisse, ici, semblait avoir été remise à neuf ! La magie du virtuel !

Pensif, Mika murmura :

« Je ne suis pas étonné qu'oncle Édouard ait situé le repaire du Maître des cybernautes à Bridoire. Ce château a toujours fasciné mon oncle.

— Attends. Ne l'a-t-il pas déjà utilisé dans certains romans ? Ceux qu'il a publiés autrefois en utilisant pour pseudonyme l'anagramme de son nom ?

— Si. Bien sûr : dans *L'Ordinatueur*. Et même dans *La Musicienne de l'Aube* ! Souviens-toi : si j'ai pu m'orienter dans les souterrains du Temple du Delta, c'est parce qu'ils avaient été construits sur le modèle de ceux de Bridoire !

— Et c'est donc là que nous devrions aller ? Mais comment sortir d'ici ? »

Un ronronnement se fit entendre. Ils se tournèrent vers les écrans.

« C'est l'imprimante ! » dit Mika.

Il s'empara de la feuille que l'appareil venait de rejeter, y jeta un coup d'œil et lança, triomphal :

« Tu demandais comment aller à Bridoire, Sophie ? Eh bien voici le mode d'emploi ! » Il s'agissait d'un fax qui reproduisait un réseau de voies complexes. « Regarde : se repérer sur ce plan n'est pas si compliqué. Ce grand carrefour est celui près duquel nous nous trouvons. Et la sortie la plus proche est là, à trois cents mètres. »

Une croix manuscrite avait été dessinée à la hâte, avec ces quelques initiales : R.V./A.B.

« C'est Alain Bernard ! traduisit Sophie. Il

nous fixe un rendez-vous à cet endroit ! Mais comment a-t-il pu nous adresser ce fax ?

— Sans doute l'a-t-il transmis pendant que Cassabois dialoguait avec nous. Mais si tu veux en être sûre, ajouta Mika en ouvrant la porte de leur cellule, il suffit d'aller lui poser la question…

— Et si c'était un piège, Michaël ? »

Elle le prit par la main, comme pour le retenir ici, dans ce lieu intime et clos où ils semblaient à l'abri du danger.

« Le piège, répondit-il, c'est cette souricière, cette cellule où nous nous trouvons. »

Il se pencha vers elle, la prit par la taille, lui sourit. À présent, il se sentait confiant et résolu. Il déposa un rapide baiser sur ses lèvres.

« Il faut avancer, Sophie », murmura-t-il.

Elle soupira, lui rendit son baiser et répondit :

« Avançons. Mais désormais, n'avançons plus jamais qu'ensemble. »

18

LE RETOUR DU ROBOT

Le couloir était obscur et désert. Mika jugea que c'était de bon augure. Ils avancèrent prudemment vers le grand carrefour, que quelques veilleuses éclairaient chichement. Aucun droïde n'était en vue.

« Je suppose que nous n'avons pas de temps à perdre, murmura Mika. Dans ce cybermonde souterrain, les présences humaines sont vite repérées ! Sophie… qu'est-ce que tu tiens sous le bras ?

— Les combinaisons de survie. Si elles

étaient là, c'est sans doute que nous allons en avoir besoin. »

Le fax à la main, Mika progressait rapidement. Ils pénétrèrent bientôt dans un couloir sale et humide qui ressemblait à un égout. Mika s'arrêta devant un boyau étroit dont la pente régulière se dirigeait vers la surface. Sophie fonça le nez avec méfiance.

« Il est indispensable que nous nous risquions dans ce méchant tuyau ?

— Aucun doute : c'est l'issue qu'indique le plan. Il existe sûrement des sorties plus officielles, mais elles doivent être surveillées. »

Mika s'y engagea le premier. Leur progression était aisée grâce à la faiblesse de la pente et aux parois auxquelles ils pouvaient s'accrocher. Il ne leur fallut que quelques minutes pour surgir à l'extérieur.

C'était le crépuscule. Ils se trouvaient dans un grand fossé. Mika leva la tête et se repéra aisément grâce au bâtiment qui les surplombait :

« Nous sommes à Saussignac. Dans les douves du château.

— Encore un château ?

— Tu sais bien qu'en Périgord, on en trouve un dans chaque village ! À vol d'oiseau, nous sommes à dix kilomètres de Bridoire. »

Ils quittèrent le fossé. Sophie bougonna :

« Dix kilomètres ! L'ennui, Mika, c'est que nous ne sommes pas des oiseaux. Et encore moins des oiseaux de nuit !

— Mais moi, j'y vois très bien la nuit ! répondit une voix toute proche.

— Monsieur Alain Bernard ! s'exclama Sophie en se précipitant vers lui. Ah, je suis si contente de vous revoir ! »

Comme elle lui serrait les mains, Mika jeta, sarcastique :

« Ces effusions sont inutiles, Sophie. Tu parles bien à Alain Bernard, mais je crains que tu n'aies physiquement affaire qu'à son double. »

Elle recula, incrédule. Le nouvel arrivant eut un soupir découragé.

« Vous auriez pu éviter de lui révéler la vérité, Michaël ! Je sors justement de l'atelier de réparation. Mon crâne a été rectifié… Je ne grince plus du tout, n'est-ce pas ? »

Dressé sur un pied, il agita vigoureusement la jambe droite.

« Inutile de faire le clown, fit Mika. Mais dites-moi, est-ce vous ou Cassabois qui vous pilote ?

— C'est moi : Alain Bernard. En réalité, j'ai

eu un petit différend avec le colonel à la suite de notre entretien sur le réseau. D'ailleurs, je ne suis plus avec lui ; je me trouve dans une autre cellule. Cette séparation était indispensable. Nous avons perdu un précieux allié... et gagné un dangereux adversaire. Heureusement, il ignore que nous sommes ici.

— Que veut-il dire ? » demanda Sophie à Mika en désignant le robot, comme si elle avait craint de dialoguer directement avec lui.

« Cela signifie que Cassabois n'assure plus notre protection. Il risque même de tenter de nous éliminer.

— Exact. Et il va très vite vous repérer si vous ne mettez pas immédiatement ces combinaisons de survie, elles éviteront à la chaleur de votre corps de se dissiper... » Il désigna les vêtements que Sophie avait toujours sous le bras et ajouta dans un petit rire : « Vous voyez que j'ai bien fait de venir !

— Tu vois que j'ai bien fait de les emporter ! » ajouta Sophie pour Mika.

Ils enfilèrent les combinaisons à la hâte et se mirent en route en se frayant un chemin dans les cépages abandonnés. Mika se retourna pour grommeler :

« C'est très aimable à vous de nous avoir

indiqué la marche à suivre, monsieur Bernard. Si vous nous racontiez la fin du récit, à présent ?

— À quoi bon brûler les étapes, Michaël ? Dans un roman, vous lisez la fin avant le début ?

— En ce cas, pourquoi nous suivez-vous ? Je pourrais me rendre à Bridoire les yeux fermés !

— Je joue mon rôle, comme dans l'histoire : j'assure votre protection. »

À présent, ils progressaient à flanc de coteau, dans le crépuscule finissant. Parfois, Mika levait la tête vers le ciel, où il craignait d'apercevoir un drone en quête de victime ; mais le soir était paisible et la vallée de la Dordogne déserte.

Au bout d'une heure de marche, la nuit devint si obscure qu'ils préférèrent laisser Alain Bernard prendre la tête. Au lieu d'avancer à vive allure comme Mika l'avait craint, le robot progressait avec prudence et lenteur. Parfois, il butait dans une racine, glissait sur un sentier caillouteux.

« Attention ! chuchotait Mika. N'allez pas vous fausser une articulation !

— J'aimerais vous y voir ! Vous avez déjà piloté un robot à distance ? »

Peu après, ils se retrouvèrent dans une ornière étroite encombrée d'éboulis. Mika se fâcha pour de bon :

« Vous êtes sûr que vous ne vous trompez pas de chemin ? Il n'y avait pas d'autre raccourci ?

— Moins fort, Michaël ! J'ai repéré un droïde qui rôde non loin d'ici.

— Ah, nous aurions dû garder la 2 CV », soupira Sophie.

Après une demi-heure de parcours sinueux, ils tombèrent sur une large route en très mauvais état.

« C'est la départementale de Marmande ! s'exclama victorieusement le journaliste. Bridoire est tout près d'ici ! »

Ils traversèrent la chaussée à vive allure et parcoururent une centaine de mètres en terrain découvert.

« Un drone ! » s'écria Sophie.

Elle désigna deux ailes brillantes dans le ciel noir ; Mika reconnut l'un des grands ducs de Cassabois. Perplexe, il murmura :

« Le colonel nous suit-il pour nous protéger ou pour nous anéantir ? »

L'oiseau donna vite la réponse : il émit un cri de victoire et plongea vers eux en piqué.

Ils se précipitèrent vers les fourrés d'épineux. Dans l'affolement, le robot prit une mauvaise direction.

« Monsieur Bernard ! hurla Mika. Suivez-nous ! Bridoire est par là. »

Un trait de feu déchira la nuit et embrasa un bosquet tout près d'eux : l'un des droïdes du colonel les avait repérés et pris en chasse. Mika tenait Sophie par la main, il l'entraînait à l'aveuglette vers le château. L'édifice, estima-t-il, n'était plus qu'à cinq ou six cents mètres, et si le souterrain qui donnait à la base de la falaise était toujours accessible... Deux, trois, dix salves éclatèrent alors presque en même temps ! Dans la nuit, Mika aperçut autant de droïdes dispersés alentour ; ils cernaient les fuyards qui, face à cet assaut brutal, s'étaient jetés à terre.

« Nous sommes pris en tenaille ! chuchota Mika. Ça va, Sophie ?

— Oui. Où est le robot ?

— Ici ! répondit la voix d'Alain Bernard à quelques mètres. Bon sang, relevez-vous ! Vite, filez devant ! »

Au même moment, des détonations éclatèrent du côté du château ; c'étaient des fusées éclairantes qui partaient du donjon. En

quelques secondes, la vallée et la forêt furent illuminées par un véritable feu d'artifice. De nouvelles détonations crépitèrent sur les chemins de ronde.

Sophie se pelotonna contre Mika.

« Le domaine est bien gardé... Personne ne peut l'approcher ! »

Mika serra les dents de dépit : comme il avait été naïf d'imaginer que deux pauvres cibles accompagnées d'un robot mal piloté seraient de taille à forcer les défenses du Maître des cybernautes !

Bridoire, bien entendu, était une citadelle imprenable.

Ils étaient perdus : s'ils échappaient par miracle aux droïdes de Cassabois, le Maître des cybernautes ne ferait d'eux qu'une bouchée...

19

MORT VIRTUELLE

« Tu remarques ? fit Sophie à voix basse. Les tirs qui partent du château…

— Oui : ils ne sont pas dirigés vers nous ! On dirait que le maître des lieux élimine en priorité les droïdes qui nous attaquent. »

Le robot apparut derrière eux. Il progressait à quatre pattes et, curieusement, transpirait à grosses gouttes, en haletant. Il s'approcha de Sophie et Mika, les obligea à se relever. Il semblait épuisé, mécontent. Et même effrayé.

« Bon sang, mais qu'est-ce que vous attendez

pour y aller ? Vous voyez bien que je vous couvre ! »

Il les poussa, les obligea à avancer sur plusieurs mètres. Soudain, il jeta un cri de douleur avant de s'effondrer lourdement à terre. Mika se retourna ; l'un des droïdes avait tiré dans le dos du robot qui faisait écran de son corps ! Ses vêtements étaient déchiquetés. Entre ses omoplates apparaissaient une plaie profonde et des chairs sanguinolentes. Oui : un sang abondant et sombre coulait !

Stupéfait, Mika rampa vers ce corps qui ne bougeait plus.

« C'est de la folie ! hurla Sophie. Reviens ! »

À dix mètres de là, le droïde qui avait atteint sa victime de plein fouet, ajustait à présent Mika. Au moment où sa tourelle s'immobilisait, l'engin explosa, sans doute victime d'un tir provenant du château.

« Monsieur Bernard ? Par pitié, répondez-moi ! »

Avec précaution, il retourna le corps. Les yeux du moribond étaient à demi fermés. Sa bouche se tordit dans une grimace de douleur avant d'esquisser un vague sourire. Épouvanté, Mika demanda :

« Vous… vous n'êtes donc pas le robot ?

— Eh non, murmura le journaliste avec difficulté. Je… je vous ai menti. »

Autour d'eux, le combat faisait rage. Mika ne se demandait même plus pourquoi il survivait. Accroupi, il écoutait une étrange confession :

« Après vous avoir révélé le nom de Bridoire et envoyé le fax qui vous fixait rendez-vous, je me suis enfui de la cellule de Cassabois… J'ai programmé mon robot pour qu'il dupe le colonel un certain temps.

— Quelle folie ! murmura Sophie qui avait rejoint Mika. Votre double aurait mieux fait l'affaire !

— Non : ma présence était nécessaire pour que ma chaleur trompe les autres cybernautes. Je devais être pris pour cible. Pas vous.

— Mais pourquoi… pourquoi vous être ainsi sacrifié ? » demanda Mika.

La voix d'Alain Bernard n'était plus qu'un souffle imperceptible. Il eut vers les jeunes gens penchés vers lui un regard à la fois inquiet et attendri.

« Il ne pouvait pas en être autrement… Ce qui m'attend ici, ce n'est rien d'autre qu'une… une vengeance de votre oncle ! Ah, Michaël, on voit bien que vous n'avez pas lu *Cyberpark* ! Moi, oui... »

Il reprit difficilement sa respiration et, dans un dernier souffle, jeta :

« Eh oui : mon personnage assurait votre protection... jusqu'à la mort ! »

Sa tête roula sur le côté. Et Mika eut du mal à retenir ses larmes.

« Ce n'est pas possible, murmura Sophie d'une voix blanche. Ça ne peut pas être vrai. Il n'est pas *vraiment* mort, n'est-ce pas ? »

Mika ne répondit pas. Les révélations d'Ève Colombe lui revenaient en mémoire sans répondre à aucune de ses questions. Même si ce qu'ils vivaient n'était que les péripéties prévisibles ou aléatoires d'un jeu de rôles en réalité virtuelle, il se sentait ému comme à la fin d'un film. En même temps, l'écho des dernières paroles du journaliste ne laissait pas de le décontenancer : la mort d'Alain Bernard, une vengeance ? Mais grands dieux, de qui Édouard aurait-il voulu se venger, lui qui n'avait jamais eu d'ennemis ?

Il releva la tête. Les droïdes qui tentaient de s'approcher d'eux – ou qui faisaient mine de cerner le château – étaient éliminés par des tirs nourris provenant des chemins de ronde ou des meurtrières. Il comprit pourquoi Sophie et lui avaient été épargnés :

« Le Maître des cybernautes ! Il nous couvre à son tour… »

Ils s'élancèrent vers la base de la falaise sur laquelle était en partie édifié le château, et pénétrèrent dans une anfractuosité de la roche. La caverne était peu profonde : elle aboutissait à un souterrain qui faisait la jonction avec les oubliettes. Un souterrain qui, longtemps, avait été fermé par une grille, et que des vandales très organisés avaient un jour découpée au chalumeau.

« Pourvu qu'elle soit ouverte ! »

La herse était abaissée, mais elle se leva en grinçant dès qu'ils s'en approchèrent. Au lieu de se précipiter en avant, ils s'immobilisèrent, hésitants. Sophie serra plus fort la main de Mika dans la sienne.

« Et si c'était un piège ? Si nous nous jetions dans la gueule du loup ?

— Non. Je ne crois pas. Je suis sûr que nous ne risquons rien : plusieurs récits d'Édouard se terminent ainsi.

— En somme, soupira Sophie, c'est une chance que ton oncle n'ait pas renouvelé son inspiration !

— Oh, tu sais, les écrivains ne font jamais que raconter la même histoire... »

Ils s'engagèrent dans le conduit et, au bout de quelques mètres, furent noyés dans l'obscurité totale. Ils progressèrent à tâtons. Mika essayait de se souvenir du dédale des souterrains de Bridoire, il mesurait ses pas. Quand ils parvinrent à la croisée de deux couloirs, il s'engagea au hasard dans celui de droite. Relayée par plusieurs haut-parleurs, une voix familière et ironique lança :

« Ah non, Mika. Si tu veux me rejoindre, prends le couloir de gauche...

— Sylvain ! s'exclama Sophie, abasourdie. Sylvain... c'est toi ?

— Si vous empruntez celui de droite, reprit la même voix, vous allez rejoindre la *chose*... Vous voulez revenir à Gardonne sans moi ? »

Sans pouvoir s'expliquer pourquoi, Mika était déçu. Il interrogea :

« Sylvain ? Tu es là ? Tu nous vois ? »

Sophie, elle, ne pouvait dissimuler sa joie.

« Nous l'avons retrouvé, murmurait-elle, la voix nouée. Il est ici, à l'intérieur !

— Oui. Et je crois même qu'il nous épie. Sylvain ? J'ai l'impression que tu aurais toi aussi quelques explications à nous livrer ! »

Comme aucune réponse ne venait, ils empruntèrent l'issue de gauche que Sylvain leur avait recommandée.

« Attention, Sophie, il doit y avoir un escalier... En principe, nous devrions arriver dans la chapelle. »

Bientôt, une faible clarté naquit au-dessus d'eux. Et quand ils débouchèrent dans un angle de l'abside, Mika laissa échapper une exclamation de surprise : la chapelle était en parfait état ! Lui qui avait connu ces lieux en ruines découvrait un décor somptueux : entre les vitraux réapparus comme par miracle étaient accrochés des tableaux religieux. Ils contournèrent les fonts baptismaux au couvercle de chêne sculpté. Tout était tel que Michaël et son oncle l'avaient toujours imaginé.

« Je crois que je commence à comprendre... Viens ! »

Il entraîna Sophie dans un couloir. Plusieurs armures y montaient la garde. Mika ouvrit une porte au hasard. C'était une chambre meublée d'un lit à baldaquin, d'un précieux cabinet d'ébène et de grands fauteuils Renaissance. De lourdes tentures encadraient les fenêtres à meneaux. Plus loin, ils découvrirent un salon de musique où trônait, sur une estrade, un piano à queue en bois sombre.

« C'est un Bösendorfer, murmura Mika en caressant les touches du doigt. Édouard en rêvait. Mais bien entendu, cet instrument était hors de portée de sa bourse…

— Sylvain ! Sylvain, où es-tu ? hurlait Sophie dont la voix se répercutait sur les hauts murs de pierre.

— Je pense savoir où il se trouve… Viens. »

Tandis qu'il se dirigeait vers le grand hall d'accueil, Mika songeait que cette parfaite reconstitution n'était pas due au hasard. Toute sa vie, Édouard avait déploré le pillage de Bridoire. Et voici que le château se retrouvait reconstitué, meublé et rénové ici, dans ce Multimonde.

« Oui. C'est presque trop parfait. Trop beau pour être vrai ! »

Certes, il avait compris qu'ils se mouvaient au sein d'un décor virtuel. Mais il en acceptait la magie, comme on se trouve plongé dans l'univers d'un film ou d'un récit dont on a peine à se détacher.

Ils pénétrèrent dans le salon d'honneur. Au mobilier d'époque s'étaient mêlés des éléments anachroniques : un angle de la pièce avait été aménagé en bureau ; on y trouvait des écrans et des ordinateurs semblables à ceux des cellules des cybernautes. Quand Mika reconnut, derrière le bureau d'acajou, le vieux fauteuil de cuir de son oncle, sa gorge se serra. Sophie s'en aperçut.

« Mika… est-ce que ça va ?

— Oui. Vois-tu, fit-il en désignant ce qui les entourait, tout cela ressemble tant à Édouard ! Ici, chaque objet porte sa marque. Je… je ne serais pas étonné de le voir apparaître tout à coup. »

Il désigna la porte principale. Les deux battants s'ouvrirent lentement. Enfin, le maître des lieux entra ; dans un geste un peu solennel, il leur ouvrit ses bras.

C'était Sylvain.

20

LE MAÎTRE DES CYBERNAUTES

« Je suis navré, dit-il en baissant la tête. Je ne suis pas Édouard.

— Sylvain… toi, enfin ! »

Sophie se précipita vers son frère. Ils restèrent longuement embrassés. À son tour, Mika s'approcha de son ami. Il songeait qu'ils étaient enfin réunis. Et que, s'il avait bien compris, la possibilité de revenir à la réalité s'offrait à eux, maintenant que l'histoire s'achevait.

Sylvain semblait calme, détendu, en parfaite

santé. Il portait une robe de chambre en soie qui avait appartenu à Édouard, et qui lui donnait un air trop sérieux.

« Moi aussi, Mika, avoua-t-il en désignant le salon, j'ai longtemps cherché ton oncle quand je suis arrivé ici.

— Mais quand es-tu arrivé ici ?

— Il y a quelques jours. Vous souvenez-vous de mon éjection de la machine temporelle, lors de notre retour du Multimonde des *Lagunes du temps*? Quand j'ai repris conscience — car le choc m'avait bien secoué ! — je me suis retrouvé dans l'obscurité, à l'intérieur de la *chose*. Longtemps, je vous ai cherché. J'espérais retrouver la sortie, revenir dans la prairie de Gardonne. Mais non : j'ai fini par buter dans un escalier… et par réapparaître dans la chapelle de Bridoire ! D'abord, j'ai pensé avoir rejoint l'an 2001 et le vrai Périgord. Mais en explorant ce château intact, j'ai douté… La dernière fois que nous étions venus ici, les lieux étaient en très mauvais état ! Étais-je dans le passé ? Quand j'ai découvert ces ordinateurs sophistiqués et que je me suis branché sur le réseau, j'ai compris que c'était l'inverse ! Une brève promenade à l'extérieur a achevé de me convaincre ! De plus… »

Sylvain montra, au-dessus de l'écran principal, plusieurs inscriptions énigmatiques : *Réseau : connection mondiale avec traductions simultanées... Juridiction... Lois... Décrets... Police...* Et, sur le bureau d'acajou, un ouvrage au titre manuscrit qui ne laissait guère de doute sur l'identité de l'occupant des lieux :

Le Livre du Maître des cybernautes

« Eh oui ! soupira Sylvain. Contre toute attente, je me retrouvais promu à un poste inattendu... Un poste, Mika, que ton oncle avait sûrement occupé avant moi.

— Mais pourquoi n'es-tu pas aussitôt entré en contact avec nous ? lui reprocha Sophie en montrant les écrans des ordinateurs.

— Attends... Avec *qui*, Sophie ? grogna son frère en renouant la ceinture de sa robe de chambre. Oh, j'ai bien recherché sur le réseau les noms de "Mika", "Michaël", ou "Sophie" ! Mais si vous étiez branchés, vous utilisiez un pseudo que je n'ai jamais découvert...

— Nous n'étions pas branchés ! fit Mika en réprimant un mouvement d'humeur. Nous étions des cibles à la surface du *Cyberpark* !

Avec un peu de bonne volonté et en explorant les environs grâce à tes ordinateurs, tu nous aurais vite repérés... et tu aurais pu nous donner un sérieux coup de main !

— Objection ! fit Sylvain qui semblait prendre son rôle très au sérieux. Vous oubliez que je règne sur des millions de kilomètres carrés. Que je dois veiller à l'application des lois et des décrets ainsi qu'au bon fonctionnement du réseau. Et puis, si j'avais su que vous étiez devenus des cibles, comment vous aurais-je identifiés parmi les dizaines de milliers d'individus qui errent dans le *Cyberpark* ? Soyez déjà heureux que je vous aie localisés à temps lorsque vous vous êtes approchés de mon domaine ! »

Il montra un écran annexe et ajouta, préoccupé :

« Heureusement, je possède des dispositifs de surveillance et de défense sophistiqués. Voyez-vous, je redoute que quelqu'un ne prenne ma place : figurez-vous qu'un certain Général...

— C'est le colonel Cassabois ! expliqua Mika. Ah, lui aussi, il s'y croit !

— Comment ça, "il s'y croit" ? » répéta le frère de Sophie, l'air pincé.

Michaël soupira ; il alla s'asseoir dans le fauteuil de son oncle pour montrer à Sylvain que le locataire des lieux occupait un poste provisoire. Puis il déclara en articulant avec soin :

« Écoute, Sylvain : *tu n'es pas le Maître des cybernautes.* Pas plus que Cassabois n'est le Général. Nous ne nous trouvons pas dans le château de Bridoire mais *à l'intérieur de la chose.*

— Eh oui, compléta Sophie en aparté, nous avons obtenu quelques éclaircissements. Ève Colombe nous a rendu visite. Nous allons tout t'expliquer...

— Non ! décréta Mika. Nous allons essayer de revenir à Gardonne. Dis-moi, Sylvain, l'issue que nous avons failli emprunter tout à l'heure donne accès à l'intérieur de la *chose,* tu en es certain ?

— Ma foi, c'est par là que je suis arrivé. Si je ne m'y suis pas risqué en sens inverse, c'est parce que, tout seul, je... Bref, j'espérais bien que vous finiriez par me faire signe ! Et puis, voyez-vous, ajouta-t-il en désignant avec nostalgie tout ce qui l'entourait, je ne me trouvais pas ici en position désagréable. Je crois même que j'étais assez privilégié... »

Le flegme et la satisfaction de Sylvain irritaient de plus en plus Mika, qui lança en prenant la mémoire de son oncle à témoin :

« Ah, Édouard... il y a quand même des rôles plus faciles à assumer que d'autres ! Et je me demande ce que tu avais en tête quand tu as décidé d'endosser un rôle pareil ! »

Comme Mika s'était levé et se dirigeait vers la porte, Sophie suggéra :

« Avant de repartir, nous devrions aller récupérer le corps d'Alain Bernard.

— Alain Bernard ? fit Sylvain en fronçant les sourcils.

— Oui. Viens, nous t'expliquerons en route..., dit Mika, exaspéré.

— Alain Bernard... oui, ce nom me dit quelque chose. N'est-ce pas un journaliste ? »

Mika, qui aidait Sylvain à enlever la robe de chambre de son oncle, s'arrêta, interloqué. Comment pouvait-il connaître Alain Bernard ?

« Attends une seconde, Mika. J'ai vu souvent ce nom, là-dedans... »

Sylvain ouvrit et feuilleta *Le Livre du Maître des cybernautes*, révélant des dizaines de pages sur lesquelles Édouard avait collé des articles de journaux. Il ajouta en pointant l'index : « Là, Mika, tu vois ? Une critique d'un vieux roman de ton oncle, signée Alain Bernard. Et là, une autre... »

L'attention de Mika fut retenue par un article plus long que les autres, qu'Édouard avait d'ailleurs entouré de plusieurs cercles rageurs, au feutre et au stylo rouge, jusqu'à en trouer le papier. Il se pencha et lut :

« Ce récit finit bien, comme tous ceux d'Édouard Nigerre. Faut-il croire qu'il s'agit là d'une conclusion obligée quand on s'adresse à un jeune public ? Faut-il croire que cet écrivain, qui ne parle jamais de lui, est résolu à ne raconter que des histoires opiniâtrement positives ? Ou ne s'agit-il pas plutôt d'une incapacité de l'auteur à traduire ses problèmes intimes ainsi que les hypocrisies, les tragédies et les ambiguïtés du monde réel ? »

Sous le nom d'Alain Bernard, qui avait signé l'article, Édouard avait ajouté, d'une écriture nerveuse et tarabiscotée :

« Moi aussi, je peux être méchant, négatif – et mégalomane, comme la plupart des écrivains ! »

Impressionné, Mika releva la tête. À présent, la situation lui apparaissait sous un nouveau jour. Les derniers mots du journaliste lui revinrent en mémoire : « une vengeance »...

« Je crois que je commence à comprendre, murmura-t-il à mi-voix en refermant *Le Livre du Maître des cybernautes*. Exaspéré par les critiques d'Alain Bernard, mon oncle a écrit un roman plus noir qu'à son habitude : *Cyberpark*. Il y a même introduit un personnage qui doit ressembler comme deux gouttes d'eau à notre ami journaliste. Et même si le récit se termine bien – bon sang ne peut mentir – il a décidé de le faire mourir ! Voilà pour la vengeance...

— Peut-être bien, dit Sophie en hochant la tête. Tu veux dire qu'il y a... autre chose ?

— Oui : ceci, répondit Mika en désignant le bureau et les ordinateurs. Ce décor somptueux, baroque, anachronique ! Et ce rôle inattendu de maître du monde qu'Édouard s'est dévolu ! Tout ça lui ressemble si peu. Et pourtant... »

Et pourtant, songea-t-il, Édouard s'était réservé ici un antre virtuel secret, il s'était construit un univers sur mesure, ou plutôt, à l'image de ce château, *démesuré* : un bureau dans lequel il devait accumuler les critiques négatives de ses romans, comme on entasse des reproches sans broncher. Une tour d'ivoire depuis laquelle, quand il débordait d'amertume, il se donnait l'illusion de dominer le monde, l'ivresse d'assumer ce en quoi sa fonction de créateur l'avait malgré lui transformé : un démiurge, doté du droit de vie et de mort sur ses sujets…

« Venez. Partons d'ici. »

Tout à coup, ce décor grandiose et maléfique lui fit horreur. Mika avait envie de fuir ; c'était là un aspect de son oncle qu'il n'avait pas envie d'approfondir.

21

RETOUR À LA RÉALITÉ

Comme prévu, ils s'étaient tous trois risqués hors de l'enceinte du château pour aller récupérer, au milieu des droïdes décimés, le corps inerte d'Alain Bernard. Revenus dans le souterrain qui communiquait avec les oubliettes, ils avaient emprunté l'issue de droite. Sophie marchait en tête en braquant devant elle une torche électrique. Mika et Sylvain progressaient avec plus de difficulté, ils portaient le corps du journaliste.

« Vous ne trouvez pas que la consistance des murs change ? » dit Sophie.

Les garçons se taisaient, soucieux d'économiser leurs forces. Ils savaient qu'il faudrait marcher longtemps, perdre la notion du temps, et passer peu à peu du Multimonde à l'intérieur de la *chose* proprement dite.

Quand Mika sentit qu'il avançait dans un état second, il espéra que leur périple s'achevait. Les parois avaient perdu toute régularité ; elles n'étaient plus creusées dans la roche, mais dans une matière étrange, à la fois visqueuse et élastique, qui semblait se déformer lentement ; mais ce n'était peut-être là qu'une illusion due à la fatigue.

Devant eux, Sophie s'exclama soudain :

« Oui… nous sommes dans la *chose*, regardez ! »

Dans un silence ouaté, d'étranges alvéoles s'ouvraient et se refermaient autour d'eux. Mika ressentit une oppression qui l'aurait effrayé si elle ne lui avait pas été familière. Sophie choisit une issue au hasard. Elle avançait en pénétrant dans les boyaux les plus larges qui se présentaient à elle. Après un temps qui leur parut très long, ils ralentirent l'allure puis s'arrêtèrent. Ils étaient à bout de force ; ils se reposèrent quelques instants.

Soudain, l'excavation dans laquelle ils se

trouvaient fut illuminée par un rayon qui les éblouit. Mika se leva d'un bond.

« Sophie… C'est ta lampe de poche ?

— Ma lampe ? Non ! Mes piles sont mortes. »

Mika se précipita le premier vers le couloir d'où provenait la lumière ; il aboutissait à un orifice qui débouchait sur la prairie de son oncle. C'était le matin et le soleil brillait. Il se retourna, hurla :

« Sophie ! Sylvain ! Nous sommes revenus ! »

Alors qu'ils essayaient tous trois de faire passer le corps du journaliste par l'ouverture, des exclamations jaillirent :

« Ils sont là ! Madame le ministre ?… Venez !

— Vite… où est le docteur Waquier ? »

Mika aperçut le clocher de l'église, plusieurs gendarmes et la route sur laquelle stationnaient toujours des ambulances et des engins militaires. La seconde suivante, il était assailli par des soldats et des infirmiers.

Une jeune femme élégante s'approcha de Mika pour lui saisir les mains et le congratuler. Il la reconnut et grimaça un sourire.

« Madame Colombe… Ainsi, vous êtes revenue avant nous ?

— Oui. Nous allons vous expliquer. Oh, vous êtes épuisé ! Docteur Waquier ? »

L'interpellé était penché sur Alain Bernard. Il se releva et accourut en souriant vers Mika, qui demanda, inquiet :

« Comment va monsieur Bernard ?

— À part quelques blessures superficielles au dos, il est indemne. Il se trouvait dans un sommeil profond, proche du coma. Il est en train de se réveiller. Il a dû être choqué, comme Sautereau, vous vous souvenez ?

— Et Sophie ?... Sophie ! »

Elle était là, vêtue d'un tee-shirt et d'un short noirs de crasse. Elle se précipita vers lui en entraînant son frère à sa suite.

« J'ai du mal à y croire, murmura Mika en serrant les jumeaux contre lui. Pour une fois, personne ne manque à l'appel ! »

Comme ils se dirigeaient vers la maison d'Édouard, ils aperçurent Daniel Collobert qui, depuis la terrasse, leur adressait un signe amical : il les fit entrer dans le séjour. Là, les explorateurs du Multimonde découvrirent la table mise : pain frais, confiture, café...

« Je me suis permis de vous préparer un petit déjeuner, avoua l'astrophysicien en souriant dans sa barbe.

— Bonne idée ! dit Mika. Vous saviez donc que nous allions revenir ?

— Oui. J'ai suivi à peu près toute votre aventure... Mais commencez par vous remettre de vos émotions. Ensuite, nous descendrons dans le laboratoire de votre oncle Édouard. Je vous montrerai. »

Mika déjeuna avec autant d'impatience que d'appétit. Autour de la table se serraient, outre les jumeaux, Daniel Collobert et Ève Colombe. On eût dit qu'une certaine complicité s'était scellée entre eux.

Enfin, l'astrophysicien les entraîna au sous-sol, les invita à traverser le laboratoire et à entrer dans le bureau d'Édouard. Il les fit asseoir devant l'ordinateur de l'écrivain. Comme Eve Colombe restait en retrait, Mika devina qu'elle avait déjà dû bénéfier des explications du savant.

« Pour l'instant, commença Daniel Collobert, je n'ai percé qu'une partie des mystères du Multimonde. Mais voici ce que j'ai compris... »

22

LA MÉMOIRE D'ÉDOUARD

« Avant de mourir, reprit l'astrophysicien en désignant l'ordinateur, votre oncle travaillait à un projet inédit : il voulait transformer certains de ses ouvrages en jeux virtuels interactifs. Pour cela, il lui fallait mettre en mémoire les lieux, les faits et les personnages de ses romans. Il devait intégrer ainsi des millions, des milliards de données…

— Et tout cela figure sur son disque dur ? demanda Mika, stupéfait.

— Non. Édouard a procédé autrement. Il a

d'abord mis au point un nouveau type d'ordinateur qui lui permettrait de stocker cette somme phénoménale d'informations. Il a bricolé un dispositif ingénieux qui… oh, je n'en ai pas encore démonté toutes les ficelles, mais il me semble parfaitement opérationnel. Regardez. »

Daniel Collobert saisit et se mit sur la tête un casque relié à l'ordinateur. L'objet, peu volumineux, recouvrait les oreilles, le crâne et le front. Puis il ouvrit l'un des ouvrages posés près du clavier.

« Si je lis ce récit, tous les éléments mémoriels mis en œuvre dans mon cerveau seront automatiquement enregistrés par la machine.

— Que voulez-vous dire ?

— À partir des romans *La Musicienne de l'Aube*, *Les lagunes du temps* ou *Cyberpark*, votre oncle a ainsi recréé des univers virtuels… Des mondes dont les décors et les personnages correspondaient à son imaginaire. Mais une fois les grandes règles établies, la trame devenait modifiable selon le comportement des intervenants.

— Voilà pourquoi vous nous êtes apparu, à Venise, sous l'identité de Léonard de Vinci !… Vous étiez ici, dans le bureau d'Édouard ?

— Non. Pas du tout. Cette place est celle du Maître de Jeu. Tous les personnages capables d'influencer le cours du récit doivent être à l'intérieur de la *chose* : c'est ce qu'ont fait Virginie, le gendarme Sautereau, le docteur Waquier – et Mme Colombe, il y a quelques heures : quand nous avons vu que vous étiez coincés, elle est partie en expédition pour vous donner un petit coup de pouce !

— Comment pouvait-elle être sûre de tomber sur le bon Multimonde ?

— Parce que c'était celui sur lequel je m'étais branché ! répondit Collobert en désignant l'écran.

— D'accord ! admit Mika. Mais quel rapport existe-t-il entre l'ordinateur de mon oncle et cette gigantesque *chose*, à l'extérieur ?

— C'est l'un des problèmes que je n'ai pas tout à fait résolu, répondit Collobert en hochant la tête. Les hypothèses dont je dispose sont encore trop fragiles pour que je vous en fasse part. »

Mika poussa un long soupir : les mystères accumulés depuis l'apparition brutale de cet objet, à l'aube du 1er juillet, commençaient à s'éclaircir…

« En somme, murmura Sophie, les aventures que nous avons vécues étaient factices ? En nous risquant au cœur de la *chose*, nous ne faisions qu'évoluer dans un univers virtuel ?

— Oui. Mais ne croyez pas que ces parties améliorées de *Dieux, Dragons et Donjons* soient sans danger ! À l'image de ce qui se passe sur un plateau de cinéma lors du tournage d'un film, les acteurs sont soumis à rude épreuve, tant sur le plan physique que psychologique. Le logiciel d'Édouard réussit même à perturber profondément la notion de durée chez les joueurs. De la même façon qu'un lecteur imagine que plusieurs heures, ou plusieurs mois, ont passé quand il lit dans un roman : "le lendemain..." ou "l'année suivante", le personnage d'un Multimonde a l'impression que le temps s'est réellement écoulé ! Cette perturbation de la durée se retrouve dans les rêves, ou dans certaines crises d'épilepsie. »

Fasciné, Mika ne pouvait quitter des yeux l'ordinateur de son oncle.

« Ainsi, murmura-t-il, les univers des romans d'oncle Édouard existent désormais dans la mémoire de cette machine... Nous pouvons les explorer et en modifier le déroulement ou la conclusion, à l'infini !

— Pas tout à fait, répéta l'astrophysicien. Votre oncle n'a hélas pas eu le temps de créer autant de fichiers qu'il avait écrit de romans. Très vite, il a envisagé un moyen plus radical d'enregistrer définitivement toutes les histoires et tous les univers qu'il avait en tête.

— Un moyen plus radical ? Lequel ? »

Daniel Collobert hésitait. Lui aussi semblait maintenant regretter d'en avoir trop dit. Enfin, il prit sa respiration avant de lâcher à voix basse :

« Faire enregistrer par l'ordinateur la totalité de sa mémoire. »

Un long silence succéda à cet aveu avant que l'astrophysicien avoue :

« Mais il n'en a pas eu le temps. Il a donc échoué. Et cette mémoire, je ne parviens pas à la récupérer…

— Qu'est-ce que vous racontez ? balbutia Mika qui n'osait pas comprendre. Que voulez-vous récupérer ? La mémoire de mon oncle ? Je… je ne comprends pas ! »

Le secrétaire d'État baissa la tête. Et c'est Ève Colombe qui vint vers Mika. Elle le prit par les épaules, l'obligea à la regarder et lui déclara :

« Mais si ! Dites plutôt que vous faites semblant de ne pas comprendre ! Outre ses travaux en informatique et ses activités d'écrivain, fit-elle en désignant le laboratoire attenant, votre oncle était aussi chercheur en biologie. Daniel pourrait longuement vous en parler, car votre oncle et lui ont travaillé ensemble, autrefois... Édouard poursuivait des recherches qui intéressaient au plus haut point le ministère de la Défense que je représente ! Imaginez plutôt : le stockage et la conservation de toute la personnalité d'un individu ! »

Mika avait de grandes difficultés à digérer ce flot d'informations.

« Vous connaissiez mon oncle ? demanda-t-il à Daniel Collobert.

— Oui. C'est d'ailleurs pour cette raison que dans *Les lagunes du temps*, Léonard de Vinci me ressemble. Quand il l'a adapté sous forme de logiciel, il a donné mes traits à son personnage. Édouard adorait ce genre de clin d'œil. Mais pour les autres ressemblances, il s'agit d'autre chose. Je pense que dès que les joueurs s'introduisent dans le Multimonde (de leur plein gré ou non), le programme du jeu initialise aussitôt les nouveaux arrivants en scannant leurs visages. Ainsi, dans *La*

Musicienne de l'Aube, les gravures représentant la jeune fille que possède le troglodyte Kriek se modifient suivant chaque partie. Voilà aussi pourquoi vous êtes devenus, dans *Les lagunes du temps*, les marchands Buono et Rustico. Les héros se trouvent donc... "dans la peau de leurs personnages". »

Ainsi, Collobert connaissait son oncle ! Pris d'un doute, Mika se tourna vers le ministre de la Défense.

« Et vous, madame Colombe ? Vous aussi ?

— Oui, admit-elle. Édouard, Daniel et moi nous nous fréquentions pour d'autres raisons plus... privées. Je vous les révélerai en temps voulu. Donc, Édouard était sur le point de faire passer dans la mémoire de sa machine le contenu de son cerveau : vocabulaire, souvenirs, lectures, culture, émotions, projets... Tout ! Vous comprenez ce que cela signifie ?

— Oui », murmura Mika d'une voix blanche.

Cela résolvait toutes les énigmes rencontrées au cours de leurs expéditions dans le Multimonde. Par exemple, dans *La Musicienne de l'Aube*, la ressemblance des Sylvains avec le frère de Sophie ; Édouard, qui connaissait bien les jumeaux, n'avait pas eu à aller très loin pour trouver un modèle ! De là venaient aussi les impressions de déjà-vu, et la facilité avec laquelle il retrouvait parfois son chemin ! Que Goldoni ait tant ressemblé à Édouard n'était pas dû non plus au hasard. Un clin d'œil, comme avait dit Collobert. Les Multimondes lui avaient semblé familiers parce qu'ils avaient été conçus par un homme dont il avait partagé l'existence – quelqu'un qui, des années durant, avait affiné sa sensibilité et façonné son imaginaire. Par ailleurs, toutes ces bizarreries qui l'avaient surpris depuis leurs premières incursions dans le Multimonde trouvaient là aussi leur explication : entre autres le fait qu'on parle français dans la Venise parallèle des *Lagunes du temps*... ou que les broyeurs de la coopérative abandonnée et la 2 CV de l'oncle Édouard puissent encore fonctionner au XXIIIe siècle : c'étaient là des... “facilités littéraires” que l'oncle s'autorisait souvent, car il avait coutume d'affirmer que, dans la littérature populaire, il fallait toujours privilégier le plaisir et non la rigueur.

— Eh oui, reprit Eve Colombe, les travaux de votre oncle nous intéressent car vous en imaginez aisément la portée : si nous pouvions, avant la mort d'un savant ou d'un artiste, stocker pour l'éternité la totalité de sa mémoire, nous aurions ensuite la possibilité de nous brancher avec lui quand bon nous semblerait !

— Cependant, coupa Daniel Collobert, mises à la portée des militaires, certaines applications se révéleraient dangereuses, voire catastrophiques. D'un autre côté, on imagine les possibilités offertes par la conservation *post mortem* de l'esprit d'un créateur : à notre demande, il continuerait de réfléchir, d'écrire, d'inventer, de composer, de peindre… »

Une autre conséquence apparut clairement à Mika, qui demanda :

« L'esprit de mon oncle serait donc là, dans cette machine ? Et je pourrais… dialoguer avec lui ?

— Si nous parvenions à le récupérer, répéta Ève Colombe, l'esprit de votre oncle serait même capable d'apprendre et de s'améliorer, contrairement aux neurones du cerveau qui se détériorent.

— Pourquoi répétez-vous tous deux : "si nous parvenions à le récupérer" ? » demanda Mika, cœur battant.

Daniel Collobert hocha la tête en soupirant.

« Au moment précis où votre oncle est

mort, dit-il en désignant le gestionnaire de programmes, il était branché sur un Multimonde. Il se peut même que son décès ne soit pas dû au hasard : je me demande en effet si Édouard n'a pas subi un choc fatal au moment où il a voulu effectuer ce fameux transfert. Et je crains que la mémoire d'Édouard ne soit restée bloquée, quelque part dans ce Multimonde-là… »

Un long silence suivit cette révélation ; Mika en traduisait encore mal les conséquences.

« En somme, monsieur Collobert, dit soudain Sophie, vous aviez à peu près tout compris depuis le début ? C'est vous qui, dès votre arrivée ici, avez branché l'ordinateur sur l'univers de *La Musicienne de l'Aube* ?

— C'était tout à fait involontaire, Sophie. En explorant le contenu de l'ordinateur, j'ai laissé l'appareil branché sur ce fichier ouvert.

— Et pourquoi n'avez-vous pas exploré le Multimonde sur lequel travaillait mon oncle avant de mourir ? demanda Mika. Pourquoi nous avoir envoyés – car c'est vous, n'est-ce pas ? – dans la Venise des *Lagunes du temps* et dans le futur de ce… *Cyberpark* ?

— Vous oubliez, Michaël, que c'est après bien des tâtonnements que je suis arrivé à

toutes ces conclusions ! De plus, ces expériences ont été très utiles, elles m'ont permis de mieux comprendre comment fonctionnait le Multimonde, et la façon dont on pouvait y évoluer. Mais je ne suis encore qu'un bien piètre Maître de Jeu ! Maintenant, si nous voulons essayer de retrouver la mémoire de votre oncle… »

L'astrophysicien laissa sa phrase en suspens. Et Sylvain, qui avait mis ce temps à profit pour l'achever intérieurement s'écria :

« Quoi ? Vous ne voulez quand même pas que nous repartions en expédition dans la *chose* ? Cette… *mémoire*, il y a bien un moyen d'y accéder au moyen du casque ? Ou du clavier ?

— Croyez-vous que je ne l'aie pas tenté ? demanda Collobert dans une grimace. Voilà trois jours que j'essaie sans y parvenir ! »

Ève Colombe devint très pâle. Elle se précipita brusquement vers la porte vitrée qui séparait le bureau du laboratoire. Là, tapi dans l'ombre, quelqu'un les observait. Quelqu'un qui fit mine de fuir et qu'elle rattrapa sans ménagement par le col.

C'était Alain Bernard. Comme le ministre de la Défense lui tordait le poignet, il dut lâcher le calepin et le stylo qu'il tenait à la main.

« Eh bien, gronda-t-elle, nous avions tort de nous inquiéter pour votre santé ! Vous avez vite repris du service, à ce que je vois ?

— C'est-à-dire que… je n'osais pas vous déranger ! Et je prenais quelques notes, en effet. »

Pendant que le journaliste s'expliquait avec le ministre, Mika réfléchissait. Il sursauta quand il vit Sophie s'approcher de lui.

« Je sais exactement ce que tu penses, lui dit-elle à voix basse. Tu donnerais cher pour… pour retrouver ton oncle, n'est-ce pas ?

— Attention, précisa Daniel Collobert qui les avait rejoints. Édouard est physiquement mort – et enterré !

— Mais avec sa mémoire, je pourrais le rencontrer sous les traits d'un des personnages du Multimonde, n'est-ce pas ? »

Collobert ne semblait pas partager l'enthousiasme de Michaël.

« Sans doute, admit-il enfin. Un écrivain se cache forcément ici ou là, dans l'un ou l'autre de ses récits. Mais ces rencontres seraient… virtuelles, vous l'avez bien compris ? Et attention, Michaël : rien ne prouve que cette opération de récupération peut réussir ! Ce matériel est fragile, peu fiable. Il s'agit d'un prototype. Il est même possible que nous perdions tout !

— Hep ! lança à son tour Sylvain, j'espère que vous plaisantez ? L'un de vous envisage-t-il sérieusement de repartir là-dedans ? »

Il désignait l'étage supérieur – c'est-à-dire la prairie et la *chose*. Mais le regard de Mika revenait vers l'ordinateur. Quel lien mystérieux pouvait unir ces deux objets si différents l'un de l'autre ?

« Rien ne t'oblige à nous accompagner, dit Sophie à son frère en prenant la main de Mika. Physiquement, que risquons-nous, monsieur Collobert ? Nous ne pouvons pas vraiment *mourir*, n'est-ce pas ? Ni être sérieusement blessés ? »

L'astrophysicien sourit en apercevant le journaliste qui gesticulait avec véhémence. Embarrassé, il répondit :

« Je ne crois pas. Mais en cas d'accident ou d'évanouissement, vous pouvez rester coincés au cœur de cet objet. Vu sa taille, ce serait difficile d'aller vous y récupérer ! Sans parler des dommages irrémédiables que cela risquerait d'entraîner pour la conservation des programmes… »

Mika ne comprit pas très bien ce que le

savant voulait dire. Entretemps, Eve Colombe et Alain Bernard semblaient avoir trouvé un terrain d'entente. D'un commun accord, le petit groupe rejoignit la salle de séjour, puis la terrasse. Les militaires et les gendarmes qui montaient la garde semblaient beaucoup plus détendus que les jours précédents.

« De toute façon, reprit Daniel Collobert en feuilletant d'un air distrait le gros cahier qu'il tenait à la main, je crains qu'une nouvelle expédition ne s'impose : vous oubliez que quelqu'un est resté à l'intérieur de la *chose*.

« C'est vrai ! s'exclama Sophie d'une voix presque joyeuse. C'est le colonel Cassabois !

— Oh, qu'il y reste ! répondit Sylvain. Personne ne l'avait obligé à y entrer.

— Nous ne pouvons pas l'abandonner, fit Collobert. Et puis je redoute qu'il n'occasionne quelques dégâts. »

Mika et Sophie échangèrent un regard : oui, ils étaient partants. Ils entourèrent le savant pour lui dire, presque d'une seule et même voix :

« Daniel ? Vous avez le feu vert.

— Nous sommes prêts pour une nouvelle aventure.

— Nous allons essayer de récupérer la mémoire de l'oncle Édouard !

— Et accessoirement… le colonel Cassabois ! »

Le visage de l'astrophysicien s'éclaira. Il leur tendit le cahier qu'il avait en mains. Mika l'ouvrit. Aussitôt, il reconnut l'écriture de son oncle.

« Qu'est-ce que c'est ? demanda Sophie.

— Sans doute le dernier manuscrit d'Édouard, répondit Mika, cœur battant. On… on dirait qu'il est inachevé ?

— C'est exact, dit Collobert. Je vous recommande quand même de le lire.

— Pourquoi ? demanda Sophie sans bien comprendre.

— Pourquoi ? Mais voyons : parce que c'est le récit qu'Édouard adaptait sous forme de Multimonde juste avant de mourir ! »

Vous retrouverez (pour la dernière fois)
les personnages du cycle du Multimonde dans :

MISSION EN MÉMOIRE MORTE

Aucun doute, l'oncle Édouard existe – même s'il n'est plus que l'un des personnages de son dernier roman : un héros qui a disparu corps et biens sur Mê-Moria, une planète située à l'autre bout de la Galaxie !

Mika, Sophie et Sylvain doivent donc se risquer dans une périlleuse odyssée spatiale pour partir à la recherche de l'écrivain. Mais quelqu'un d'autre aimerait lui aussi récupérer la mémoire d'Édouard : un adversaire puissant, rusé et impitoyable... qui pourrait bien être le colonel Cassabois !

TABLE

Vertige science-fiction

Gandahar et l'oiseau-monde
J.-P. Andrevon

Un effroyable danger menace la planète Tridan : l'infâme *dicdottore* du Ranstdraam a réveillé le feu nucléaire des Anciens. La reine de Gandahar appelle à la rescousse Sylvin Lanvère, son chevalier servant... Accompagné de la fougueuse princesse Sandrallia et du doux prince Artwaal, Sylvin devra surmonter les plus périlleux obstacles jusqu'au terme de leur aventure, ce Petit-Bout-du-Monde, où les esprits-gardiens veillent sur l'étrange oiseau-monde...

Le maître de Juventa
R. Belfiore

Juliette est séquestrée par ses parents ! Jonathan se précipite à son secours, mais, ô horreur ! la voilà qui se dématérialise sous ses yeux... Résolu à la suivre, il débarque sur une drôle de planète, Juventa, où bizarrement tous semblent le connaître et l'appellent Maître. Mais Jonathan, lui, voudrait surtout délivrer Juliette...

La Musicienne de l'Aube
Cycle du Multimonde
C. Grenier

Une énorme chose grise a surgi au beau milieu d'un village du Périgord. Mika et ses amis se risquent à l'intérieur. Quelle n'est pas leur surprise de découvrir un monde inconnu, où bientôt une quête leur est imposée : retrouver la Musicienne de l'Aube...

Les lagunes du temps
Cycle du Multimonde
C. Grenier

Stupeur ! Un objet gigantesque surgit au milieu du village. Dans le même temps, Sophie disparaît ! Pour Mika et Sylvain, pas d'hésitation : il faut pénétrer à l'intérieur de *la chose* et retrouver leur amie. Les voilà projetés dans un incroyable monde parallèle, une Venise étrange, capitale du monde, dominée par l'impitoyable dogaresse. Comment sauver Sophie, prisonnière de cette femme redoutable ?

Cyberpark
Cycle du Multimonde
C. Grenier

Mission en mémoire morte
Cycle du Multimonde
C. Grenier
(parution sept. 1997)

Raz-de-marée sur Aquarius
M. Hughes

Walt connaît à peine son père, le colonel Angus. Quand il le retrouve sur la planète Aquarius, le face-à-face est brutal. Jamais Walt n'a vu homme si autoritaire. Le colonel agit avec son fils comme avec les planètes qu'il exploite pour les besoins des Terriens. Rien ne semble lui résister. Jusqu'au jour où Walt se révolte : contre l'avis de son père, il défendra Aquarius et ses mystérieux habitants. Coûte que coûte...

L'Enfant-Mémoire
D. Martinigol et A. Grousset

Étrange Enfant-Mémoire ! Il mémorise tout, il ne peut mentir, et surtout il joue un rôle capital : lui seul peut indiquer à son peuple sur quelle lune s'installer. Mais voilà qu'un jour il disparaît ! Pour son amie Nunzia, c'est sûr : il a été enlevé. Aussitôt elle part à sa recherche...

La nuit des mutants
C. Lambert

An 2068. Dans une prison spatiale, à des milliers de kilomètres de la Terre, c'est le drame : des détenus se transforment en mutants invincibles et meurtriers ! Qui manipule cette armée de monstres ? Frank, un jeune prisonnier fou d'informatique, n'a qu'une nuit pour comprendre et les vaincre... Une nuit de cauchemar !

Slum City
J.-M. Ligny

Finale d'un tournoi de jeux de rôles : deux bandes s'affrontent, les Zapmen et Lumière Foudroyante. Soudain les Zapmen se retrouvent piégés dans Slum City, banlieue à l'écart de la réalité virtuelle, où règnent la misère et la violence... Le premier roman cyberpunk pour les jeunes.

Vertige

Vertige policier

Mort sur le Nil

Le meurtre de Roger Ackroyd

Dix petits nègres

Cinq petits cochons

A. Christie

Le Signe des Quatre

S.A. Conan Doyle

Piège sur internet

G. Delteil

Qui veut tuer l'écrivain ?

M. Saint-Dizier

Le Faucon Malté

L'ennemi public n°2

A. Horowitz

Sitcom en péril

C. Lambert

Un rival pour Sherlock Holmes

B. Nicodème

Tirez pas sur le scarabée !

P. Shipton

Surf en eau trouble

B. Solet

L'ennemi sans visage

L'infaillible Silas Lord

S.A. Steeman

Vertige fantastique

Le fantôme des Cassegrain

M. Grimaud

Les portes du Diable

La nuit du Scorpion

La Citadelle d'argent

Le jour du Dragon

A. Horowitz

L'île du Crâne

(Prix européen du roman pour enfants de la ville de Poitiers, 1993)

Maudit Graal

Mortel chassé-croisé

A. Horowitz

Week-end infernal

L. Lefèvre

Le Vent de la Colère

M.-S. Roger

Le rendez-vous du cauchemar

Valpierre

Vertige cauchemar

Méfiez-vous de la Reine des fourmis

N. Fisk

Ne vous disputez jamais avec un spectre

Gudule

La maison aux six cercueils

La malédiction du pendu

L'enfant des ténèbres

J. Peel

Tout savoir sur les vampires, les monstres, etc.

Ne mordez jamais vos voisins !

P. van Loon

IMPRIMÉ EN FRANCE PAR BRODARD ET TAUPIN
Usine de La Flèche, 72200.
Dépôt légal imprimeur : 6851 R-5 – Éditeur : 2762
20-06-9512-01-3 – ISBN : 2-01-209512-7

Loi n° 49-956 du 16 juillet 1949 sur les publications destinées à la jeunesse.
Dépôt légal : juin 1997.